KB200046

열두 모금 생수

본문에 사용된 성경 구절 일부는 저자의 묵상을 통한
재해석이 담겨 있습니다.

목마른 이에게 건네는
열두 모금 생수

지은이 | 조정민
초판 발행 | 2016. 2. 22
5쇄 발행 | 2023. 3. 21
등록번호 | 제1988-000080호
등록된 곳 | 서울특별시 용산구 서빙고로65길 38
발행처 | 사단법인 두란노서원
영업부 | 2078-3352   FAX | 080-749-3705
출판부 | 2078-3331

책 값은 뒤표지에 있습니다.
ISBN 978-89-531-2507-0 03230

독자의 의견을 기다립니다.
tpress@duranno.com   www.duranno.com

두란노서원은 바울 사도가 3차 전도여행 때 에베소에서 성령 받은 제자들을 따로 세워 하나님의 말씀으로 양육하던 장
소입니다. 사도행전 19장 8-20절의 정신에 따라 첫째 목회자를 돕는 사역과 평신도를 훈련시키는 사역, 둘째 세계선교
(TIM)와 문서선교 (단행본잡지) 사역, 셋째 예수문화 및 경배와 찬양 사역, 그리고 가정·상담 사역 등을 감당하고 있습니다.
1980년 12월 22일에 창립된 두란노서원은 주님 오실 때까지 이 사역들을 계속할 것입니다.

목마른 이에게 건네는

열두 모금 생수

조정민의 새벽 묵상

두란노

프롤로그

새벽,
말씀의 샘 곁에서…

예수님을 부인해서가 아니라 오히려 더 사랑하기에 교회를 떠나고 싶어 하는 사람들이 적지 않습니다. 이미 가나안 성도가 된 사람들도 많습니다. 그들의 마음을 헤아리다가 눈에 들어온 것이 페이스북(facebook)입니다.

'목마를 텐데… 외로울 텐데… 복음이 아니면 그 목마름과 외로움에서 벗어날 수 없을 텐데….'

그 생각으로 새벽마다 페이스북에 짧은 글을 쓰기 시작한 것이 '열두 줄의 새벽 말씀 묵상'입니다.

방송 기자 시절 날마다 전해야 할 뉴스 원고 길이가 그 정도 분량이었습니다. 아무리 중요한 내용도 그 길이로 압축했던 기억을 되살려 묵상의 글을 줄이고 줄였습니다. 아침 출근길에 또는 출근해서 책상 앞에 앉아 일을 시작하기

전에 말씀으로 하루를 시작했으면 하는 간절한 마음이었습니다. 글을 읽고 한마디 기도를 더하면 1분 반에서 2분이면 되겠거니 짐작하고 이 일을 계속했습니다.

  3년이 지났습니다. 많은 분들이 팔로워로 동참했습니다. 페이스북에서 트위터나 카카오스토리 같은 다른 SNS로 글을 퍼가는 분들이 늘어났습니다. 때로 쉬고 싶어도 궁금해하는 분들이 떠올라 특별한 일이 없는 한 새벽 5시에 글을 올렸습니다.

  믿음의 자리를 떠났던 분에서부터 먼 곳에서 예배를 드리지 못하는 분들에 이르기까지, 격려의 댓글을 달아 주시고 새 힘을 더해 주셔서 날마다 기쁨으로 새벽 묵상을 시작합니다. 시간이 흐르면서 '열두 줄의 새벽 말씀 묵상'이 오히려 제 신앙의 버팀목이 되었습니다.

책 제목을 놓고 고심했습니다. 《열두 모금 생수》가 제격이라는 생각이 들었고, '목마른 이에게 건네는'이라는 부제가 덧붙여졌습니다. 정말 그랬으면 합니다. 세상에 그 어떤 기쁨보다 목마른 이가 해갈되는 기쁨만한 것이 없지 않습니까? 중요한 것은 '생수'입니다. 심한 갈증은 생수 외에 다른 것으로 해갈되지 않습니다. 《열두 모금 생수》가 종일 눈과 귀를 피곤케 하는 수많은 메시지 틈새에서 심히 목마른 이들에게 반가운 생수가 되기를 바랍니다.

새벽마다 《열두 모금 생수》를 기다려 주고 읽어 주고 공감하고 때로 더 깊은 묵상의 댓글로 격려해 준 페이스북 친

구들과, 이《열두 모금 생수》를 다른 컵에 옮겨 담아 지인들
에게 전해 주는 믿음의 친구들에게 특별한 감사를 전합니다.

　트위터 잠언록에 이어 이번에도 편집과 교정에 사랑의
수고를 아끼지 않은 두란노 가족에게는 또 다시 깊이 고개
를 숙이게 됩니다.

　사랑은 그렇게 해서 머무르지 않고 끝없이 흘러갈 뿐입
니다.

2016년 2월 16일 새벽
말씀 묵상의 자리에서

조정민

CONTENTS

Part 1 / re–orientation /

이것이, 무엇입니까?

Part 2 / re-member /

왜냐고, 물어도 될까요?

이것이,
무엇입니까?

우리가 시작할 때에
확신한 것을 끝까지 견고히 잡고 있으면
그리스도와 함께 참여한 자가 되리라

(히 3:14)

01 운동 경기에 출전하는 사람들의 승패는 많은 경우 훈련
에 달렸습니다. 긴 여행길에 오르는 사람들의 순조로운
여정도 많은 부분 꼼꼼한 준비에 달렸습니다.

02 영적인 삶을 흔히 순례자의 여행에 비유합니다. 이 여정
에 가장 필요한 준비에는 어떤 것이 있을까요? 무엇보다
좋은 안내자와 동반자를 만나는 것입니다.

03 영성의 길은 참으로 위험하고 가파른 여정입니다. 아무

001

신앙의 여정을
어떻게 시작하나요?

히 3:1-19

것도 눈에 보이지 않는 길입니다. 최종 목적지도, 중간
목표 지점도 분명하지 않습니다.

04 그래서 안내자나 동반자, 동행자들을 더욱 의지하게 됩
니다. 자칫 첫발부터 잘못 내딛기라도 하면 영영 돌이키
기 어려운 길이 되고 맙니다.

05 그리스도인의 여정은 오직 한 길입니다. 예수님입니다.
그분이 길이고 진리이고 생명입니다. 우리의 여행은 의

지해야 할 그 한 분을 따르고 묵상하는 삶입니다.

06 그리스도인의 이 여행은 처음부터 파격입니다. 그분 안에서 이미 목적지에 이른 삶이기 때문입니다. 우리에게는 이제 또 다른 목적지가 필요하지 않습니다.

07 여행은 방황과 다릅니다. 여행은 돌아가는 것이 목적입니다. 떠났던 곳으로 돌아가는 것이 여행의 목적이라면, 우리 여행의 끝은 예수님을 만나는 것입니다.

08 이후는 동반자의 삶입니다. 예수님이 부탁하는 사람들과 동행하는 삶입니다. 그분이 여행의 최종 목적지라는 믿음을 나누는 삶입니다.

09 더 이상의 목적은 없습니다. 더 있다고 주장하는 목소리
    도, 더 있을 것이라며 기대를 부추기는 사람도 많습니
    다. 그러나 이 여행은 예수님이 전부입니다.

10 예수님과 함께 가는데도 사망의 음침한 계곡을 지날 때
    가 있습니다. 누군가의 동행이 되어 주었는데도 갑자기
    눈앞에 절벽을 마주할 수도 있습니다.

11 그러나 이 여행은 처음부터 함께한 분을 끝까지 신뢰하
    는 믿음의 여정입니다. 그 믿음이 흔들리고 쓰러져 마지
    막 안식에 들지 못한 사람들이 무수합니다.

12 아부도 끝까지 하면 충성입니다. 할 만한 일은 끝까지
    하는 것이 중요합니다. 믿을 만한 사람은 끝까지 믿어
    주는 것이 중요합니다. 하물며 예수님이겠습니까. 예수
    님을 끝까지 붙든 사람들은 결국 다 나누는 사람들이 됩
    니다. 불신의 끝은 아쉽게도 탈락입니다.

예수께서 이르시되
네가 그를 보았거니와
지금 너와 말하는 자가 그이니라
이르되 주여 내가 믿나이다 하고
절하는지라
(요 9:37-38)

01 평생 앞을 보지 못하다가 예수님을 만나 눈을 뜬 맹인은
    그 사실 때문에 고난을 겪습니다. 바리새인들이 그를 불
    러 기적을 행한 예수님에 대해 심문했고, 사실대로 이야
    기한 그는 욕먹고 쫓겨납니다.

02 예수님이 그 맹인을 다시 찾아가십니다. 그에게 믿음이
    필요한 까닭입니다. 눈을 뜨는 것보다 더 중요한 것이
    바른 신앙이기 때문입니다.

002

예수님은 누구입니까?

요 9:24-41

---

03 예수님께서 맹인의 눈을 뜨게 하신 목적이 드러납니다. 이 사건을 통해 예수님이 누구신지를 알게 하는 것이 구원의 진정한 목적입니다.

04 맹인을 다시 찾은 예수님이 물으십니다. "네가 인자를 믿느냐?"(35절) 인자는 유대인들에게 친숙한 표현입니다. 그들은 메시아를 구름 타고 오실 인자로 믿었습니다. 다니엘의 예언입니다(단 7:13).

05 맹인은 눈을 뜨고 나서야 그게 전부가 아님을 깨달았습니다. 그는 여전히 구원에 목말랐습니다. 그는 예수님의 질문에 이렇게 답합니다. "누군지 말씀해 주시면 제가 그분을 믿겠습니다."(36절)

06 사마리아 우물가의 여인도 그랬습니다. 그녀는 예수님을 유대인으로 만났다가 선지자로 알게 되며 마침내 메시아임을 믿고 증인이 되었습니다(요 4:5-30).

07 맹인도 마찬가지입니다. 그는 예수님을 한 사람으로 만났다가 선지자라고 여기게 되고 마침내 하나님을 계시하는 인자로 믿게 됩니다.

08 "주여, 제가 믿습니다."(38절) 그는 단번에 예수님을 삶의 주인으로 고백합니다. 그리고 믿음을 결단합니다. 결단의 순간, 그는 예수님께 경배를 드렸습니다.

09 신앙인이 되는 과정도 동일합니다. 어느 날 찾아오신 예수님을 인생의 주인으로 받아들이고 메시아로 고백하며 날마다 예배드리는 것입니다.

10 사람도 사람을 다 알고 사귀지 않습니다. 괜찮을 것이라고 믿고 사귑니다. 그리고 사귀면서 알아 갑니다. 하지만 사람은 대부분 알수록 실망하게 됩니다.

11 하나님은 어떻습니까? 세상에 누가 그분을 다 알고 믿을 수 있습니까? 하나님은 믿고 알아 가는 분입니다. 그러나 알수록 더 믿게 됩니다.

12 예수님은 답답한 나머지 애타게 자기소개를 계속하십니다. "나는 생명의 떡이다." "세상의 빛이다." "양의 문이다." "선한 목자다." "부활이요 생명이다." "길이요 진리요 생명이다." "나는 포도나무다." 또다시 선포하십니다. "내가 그다." "내가 인자다."

십자가의 도가 멸망하는 자들에게는
미련한 것이요 구원을 받는 우리에게는
하나님의 능력이라
(고전 1:18)

01 사람들은 끊임없이 지혜와 능력을 갈망합니다. 바울 당
시 고린도 사람들도 그랬습니다. 심지어 고린도교회 성
도들도 다를 바 없었습니다.

02 그들도 풍요로움을 추구했고 쾌락에 탐닉했습니다. 그
렇다 보니 세상의 문제들이 고스란히 교회로 몰려왔습
니다. 음란했고 다툼이 많았습니다.

03 바울이 다시 십자가를 들었습니다. "지혜자, 학자, 변론

003

십자가가 내게 무엇입니까?

고전 1:18-25

가들이 다 무슨 소용입니까? 하나님께서 그 지혜를 어리
석게 하지 않으셨습니까?"(20절)

04 십자가는 헬라인에게는 무력한 것이었고, 유대인들에게
는 수치스러운 것이었습니다. 십자가는 그냥 끔찍한 사
형 집행 도구였을 뿐입니다.

05 그리스도인은 그 십자가가 생명의 길, 구원의 길이라고
전하는 사람들입니다. 누가 십자가를 이해했겠습니까?

누가 십자가를 받아들였겠습니까?

06 유대인들은 언제나 표적을 구했습니다. 계속해서 기적
    을 보이라고 요구했습니다. 헬라인들은 지혜를 찾았습
    니다. 행복을 추구했습니다.

07 그 누구에게도 십자가는 해결책이 아니었습니다. 바울
    도 사울이었을 때 같은 생각이었습니다. 그도 그리스도
    인들을 누구 못지않게 박해했습니다.

08 그랬던 바울이 예수님을 만나고 나서야 십자가의 의미
    를 깨닫습니다. 그는 예수님의 음성을 듣고 나서야 십자
    가에 못 박힌 그리스도를 전하기 시작했습니다.

09 바울은 부르심을 받고 나서야 그리스도가 하나님의 능력이고 지혜임을 전하기 시작했습니다. 그는 하나님에 관해서가 아니라 하나님을 알았습니다.

10 하나님을 알고 본즉 하나님과 인간의 길이 얼마나 다른지가 드러났습니다. 하나님의 선택은 인간의 선택과 비교할 수 없습니다.

11 "하나님의 어리석음이 사람의 지혜보다 지혜롭고, 하나님의 약함이 사람의 강함보다 강합니다."(25절) 머리로만 알았던 것이 비로소 생명이 되었습니다.

12 그는 십자가야말로 인류의 갈림길임을 깨달았습니다. 십자가를 어리석다고 외면하는 사람들은 멸망의 길을 걸을 것이고, 십자가를 하나님의 지혜로 받아들이는 사람들은 구원의 길을 걸을 것입니다. 그때나 지금이나 마찬가지입니다.

그러므로 예수께서
자기를 믿은 유대인들에게 이르시되
너희가 내 말에 거하면 참으로 내 제자가 되고
진리를 알지니
진리가 너희를 자유롭게 하리라
(요 8:31-32)

01 믿음으로 사는 사람들은 믿지 않는 사람들이 문제라고
    생각하기 쉽습니다. 아닙니다. 믿지 않는 사람들은 언제
    나 세상에 차고 넘쳤습니다.

02 예수님은 그 사람들을 다 사랑하십니다. 예수님의 사랑
    은 모든 사람을 사랑하기에 부족함이 없습니다. 예수님
    은 십자가에서 이 사랑을 고백하십니다.

03 예수님의 사랑은 도대체 어떻게 전해졌습니까? 그 사랑

004

제자는 누구입니까?

요 8:31-47

을 받고 예수님을 믿게 된 믿음의 사람들을 통해서입니다. 그리고 그 시작은 열두 제자들로부터입니다.

04 예수님이 전해진 것은 예수님께 열광한 팬들로부터 시작된 것이 아닙니다. 모든 것을 버리고 좇았던 제자들로부터 시작된 위대한 행진입니다.

05 물론 그 행진의 동력은 믿음입니다. 예수님을 알았던 수많은 무리는 떠났습니다. 그러나 그분이 하신 말씀을 믿

고 따랐던 사람들은 남았습니다.

06 예수님은 그 믿음의 사람들을 더 깊은 믿음의 길로 인도 하십니다. 믿지 않는 사람들에게는 해봐야 소용없는 말입니다. 믿음이 말씀의 옥토입니다.

07 예수님은 팬이 아니라 제자가 되어야 한다는 것을 강조 하시고, 제자가 되는 길을 알려 주십니다. "너희가 내 말을 듣고 내 말대로 살아야 제자들이다."(31절)

08 제자의 특권도 말씀하십니다. "제자란 말이야, 진리를 아는 사람이야." 진리의 가치도 함께 말씀하십니다. "진리가 너희를 자유롭게 할 것이다."(32절)

09 사람들은 그러나 진리보다 복에 관심이 많습니다. 병 낫고 돈 버는 데 관심이 더 큽니다. 유명해지고 높아지는 데 더 예수님을 필요로 합니다.

10 예수님은 그러나 제자라고 부르신 소수의 사람들에게
    세상을 맡기고 떠나셨습니다. 제자들에게 성령을 보내
    주시고 구원의 역사를 위임하셨습니다.

11 그리고 제자도의 인증샷을 요구하십니다. "너희가 서로
    사랑해라. 그러면 세상의 모든 사람들이 너희가 내 제자
    인 줄 알게 될 것이다."(13:34-35)

12 추가로 한 컷을 더 요청하십니다. "너희가 열매를 많이
    맺은 모습을 찍어서 보내. 아버지가 얼마나 기뻐하시겠
    니?" 이 모든 것이 믿음에서 시작되고, 말씀대로 살면서
    진행되는 일입니다. 그러니 그 말씀을 정확히 모르고서
    야 어떻게 제자가 될 수 있겠습니까? 그대로 살지 않고
    어떻게 제자라 할 수 있겠습니까?

예수께서 이르시되
너는 나를 본 고로 믿느냐
보지 못하고 믿는 자들은
복되도다 하시니라
(요 20:29)

01 믿음은 회의의 늪을 건너야 합니다. "나는 한 번도 의심
해 본 적이 없습니다" 하는 것이 좋은 믿음일 수 있지만
사실은 무엇을 믿고 있는지 모를 수도 있습니다.

02 믿음의 사람치고 믿음이 흔들리는 어두운 터널을 지나
보지 않은 사람이 없습니다. 말을 하지 않아도 사람의
마음은 늘 출렁이는 탓입니다.

03 예수님은 의심 많은 도마도 제자 삼으셨습니다. 그의 의

005

믿음이 무엇입니까?

요 20:24-31

심에도 신실하게 답해 주셨습니다. 부활을 의심하는 도마를 특별히 배려해 주셨습니다.

04 부활 후 제자들을 찾아오신 예수님을 도마는 만나지 못했습니다. 예수님을 만난 열 제자가 이구동성으로 예수님이 부활하셨다고 얘기했지만 도마는 믿지 않았습니다.

05 "나는 내 눈으로 그분의 손에 있는 못 자국과 옆구리에 있는 창 자국을 확인하고 만져 보지 않고는 믿을 수 없

소."(25절) 도마가 목소리를 높입니다.

06 사실 도마는 엉뚱한 소리를 잘합니다. 죽은 나사로에게 갈 때는 다 죽으러 가자(11:16) 했다가 최후의 만찬 때는 주님 가시는 길을 어찌 알겠느냐(14:5)고 대꾸합니다.

07 어찌 보면 얄밉고 어찌 보면 귀엽지요. 예수님은 아마 이런 도마조차 그윽한 시선으로 바라보셨을 것입니다. 모두를 사랑하셨기 때문입니다.

08 예수님이 처음 제자를 찾아오신 지 8일 만에 다시 오셨습니다. "너희에게 평강이 있을지어다!"(26절) 처음 오셨을 때와 마찬가지로 샬롬을 주십니다.

09 그리고 도마에게 말씀하십니다. "네 손가락을 내밀어 만져 보아라."(27절) 도마는 아마도 너무 놀라 가슴이 벌렁거렸을 것입니다. '내 말을 다 들으셨구나.'

10 예수님이 다정한 얼굴로 한마디 더 하십니다. "믿음 없는 사람이 되지 말고 믿는 사람이 되어라."(27절) 이 말씀을 해주시려고 다시 오신 것입니다.

11 "내 주이시며 내 하나님이십니다."(28절) 도마의 눈에 눈물이 고였을 것입니다. 예수님이 말씀하십니다. "보았기 때문에 믿느냐? 보지 않고 믿는 사람은 복이 있단다."(29절)

12 믿음은 사실을 보지 않고 믿는 것입니다. 보면 확인입니다. 보이지 않는 하나님을 만나는 방법, 관계를 유지하는 방법은 오직 믿음입니다. 구원을 받는 것도, 구원을 누리는 것도 오직 믿음입니다. 그래서 인간은 믿음으로 의로워지고 의인은 믿음으로 삽니다.

예수께서 이르시되 여자여 내 말을 믿으라
이 산에서도 말고 예루살렘에서도 말고
너희가 아버지께 예배할 때가 이르리라

(요 4:21)

---

01 예수님 당시 유대인들은 사마리아 사람들과 얘기하지
않았습니다. 또한 랍비는 여인들과 결코 대화하지 않았
습니다. 철저한 금기 사항입니다.

02 그러나 예수님은 개의치 않고 사마리아 여인과 대화하
십니다. 참된 신앙은 사람들의 시선과 편견, 율법과 전
통, 겉치레와 위선으로부터 벗어나는 일임을 가르쳐 주
십니다.

006

예배가 무엇입니까?

요 4:19-30

03 대화의 주제가 갑자기 예배로 바뀝니다. 이 여인이 늘
궁금하던 문제입니다. "예루살렘과 그리심 산 중 어디서
예배를 드리는 것이 참 예배입니까?"(20절)

04 이때 예수님은 뜻밖의 말씀을 하십니다. "이 산도 아니
고 예루살렘 성전도 아니다. 참 예배는 장소의 문제가
아니라 대상의 문제다."(21절)

05 예배는 누구에게 드립니까? 하나님만이 예배 받으시기

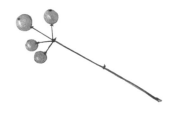

에 합당하신 분입니다. 하지만 많은 사람이 부지불식간에 자신에게 예배를 합니다.

06 내가 남의 예배를 기획하고 주관하고 감독합니다. 내가 만족하면 잘 드려진 예배이고 내가 실망하면 잘못 드려진 예배입니다.

07 예배에 만족을 못하고 이 교회 저 교회를 전전하고 있다면 사마리아 여인과 같은 의문에 빠진 것입니다. "나는 과연 어느 교회에 가서 예배를 드려야 하나?"

08 예수님께서 분명한 기준을 말씀하십니다. "모든 예배는 아버지께 드리는 것이다." "하나님께 드리는 모든 예배는 영과 진리로 드려야 한다."(24절)

09 예배의 본질은 장소, 제도, 형식, 분위기나 느낌이 아닙니다. 예배의 본질은 오직 하나님입니다. 하나님께서 예배를 받으셨는지가 관건입니다.

10 예배는 자의식에서 벗어나지 못하는 인간이 하나님의 의식으로 차오르는 경험을 하는 것입니다. 그것은 내가 죽고 내 안에 그리스도가 사는 놀라운 경험입니다.

11 그래서 사람이 변합니다. 이성과 지성으로도 변하지 않던 사람이 예배를 드리면서 변합니다. 눈물이 흐르고 내 안의 깊은 상처가 회복됩니다.

12 교회 가서 예배드리는 것이 아니라 교회 되었기에 예배드리는 것입니다. 같은 교인이어서 예배드리는 것이 아니라 한 성령 안에 있기에 함께 예배드리는 것입니다. 예배는 교회의 심장입니다.

너는 일어나 시돈에 속한
사르밧으로 가서 거기 머물라
내가 그곳 과부에게 명령하여
네게 음식을 주게 하였느니라

(왕상 17:9)

01 달이 밝으면 별빛이 희미합니다. 별은 오히려 칠흑 같은
어둠 속에서 빛납니다. 그래서 별은 어둠을 탓하지 않습
니다. 별의 소명이기 때문입니다.

02 도산 안창호 선생은 시대의 어둠을 탓하지 않았습니다.
그는 "세상에 인물이 없구나 한탄하지 말고 그대가 인물
되기를 힘쓰라"고 말했습니다. 빛은 어둠 속에서 더 빛
납니다.

007

순종이 무엇입니까?

왕상 17:1-16

03 최악의 시대에도 최선이 있습니다. 아합의 시대를 산 엘리야가 그랬습니다. 성경은 그의 족보를 기록하지 않습니다. 멜기세덱과 같습니다.

04 엘리야가 아합을 찾아가 말합니다. "하나님의 살아 계심을 두고 맹세하는데 앞으로 몇 년 동안 내 말이 없으면 이슬도 없고 비도 없을 것이다."(1절)

05 말씀을 전한 엘리야를 하나님께서 그릿 시내로 피신시

켜 아합으로부터 보호하십니다. 엘리야는 그곳 시냇물
을 마시며 날마다 까마귀가 물어다 주는 빵과 고기를 먹
었습니다.

06 시냇물이 마르자 하나님은 엘리야를 사르밧의 한 과부
에게 보냅니다. 보낼 사람에게 보내셔야 하지 않습니까?
왜 하필 가난한 과부입니까?

07 사람들은 기댈 만한 사람, 힘 있는 사람을 찾습니다. 그
러나 하나님은 천한 사람을 들어 힘 있는 자를 부끄럽게
하십니다.

08 사르밧 과부는 음식을 요구하는 엘리야가 얼마나 답답
했겠습니까? 과부는 엘리야에게 이렇게 말합니다. "남은
게 고작 밀가루 한 줌과 기름 한 방울입니다. 저와 제 아
들은 이걸 먹고 죽으려고 했습니다."(12절)

09 그러자 엘리야가 말합니다. "여호와께서 땅에 비를 내리
는 그날까지 통의 밀가루가 떨어지지 않겠고 병의 기름
이 마르지 않을 것이라 말씀하셨소."(14절) 과부는 엘리
야가 전한 말씀을 믿었습니다.

10 가난한 과부가 전 재산인 두 렙돈을 헌금통에 넣듯, 사르
    밧 과부는 마지막 음식으로 엘리야를 섬겼습니다. 그러자
    과부는 날마다 기적을 경험하게 되었습니다.

11 믿음은 믿을 수 없을 때가 믿음입니다. 순종은 순종
    할 수 없을 때가 순종입니다. 엘리야와 사르밧 과부
    의 믿음과 순종은 그래서 어둠 속의 빛입니다.

12 하나님께 드릴 것은 제사가 아니라 순종입니다. 모든 능력
    은 하나님께 있으나 순종은 사람의 능력입니다. 사람은 믿
    음의 분량만큼 순종합니다. 순종은 능력이 흐르는 강입니
    다. 이것은 탐욕스러운 사람에 대한 순종이 아닙니다. 오직
    하나님과 말씀에 대한 순종입니다.

예수께서 베드로더러 이르시되
칼을 칼집에 꽂으라
아버지께서 주신 잔을
내가 마시지 아니하겠느냐 하시니라

(요 18:11)

01 알면 쉬운 일이 있고, 알면 더욱 힘든 일이 있습니다. 공
   부는 알면 쉽습니다. 그러나 감옥은 실상을 알면 결코
   가고 싶지 않은 곳입니다.

02 십자가의 길은 알면 누구도 못 갈 길입니다. 꼭 십자가
   를 져야 할 이유가 없었다면 예수님은 피할 수 있었습니
   다. 초야에 숨으면 그만이었습니다.

03 사탄이 또 얼마나 속삭였을까요? "이 길이 얼마나 고통

008

고난이 무엇입니까?

요 18:1-14

스러운지 아니?" "왜 꼭 그걸 네가 지겠다고 고집을 부리
니?" "못 박으면 그냥 뽑아 버리고 내려와."

04 예수님은 가룟 유다가 아는 장소, 자주 가셨던 기도의
     장소, 겟세마네로 가십니다. 위기를 맞는 것도, 이기는
     것도 다 기도로 준비하십니다.

05 겟세마네에 함께 오른 제자들은 졸음을 이기지 못합니다.
     깨어서 기도하려 해도 소용없습니다. 예수님이 깨워 놓으

면 졸고, 깨워 놓으면 또 졸기를 반복합니다.

06 드디어 로마 군인들과 성전 경비병들이 유다와 함께 나
타납니다. 이들은 같이 다닐 일이 없는 사람들입니다. 그
러나 예수님을 체포하는 일에는 서로 협력했습니다.

07 세상은 적의 적을 친구로 여깁니다. 세상에서는 어제의
적이 오늘의 친구가 되기도 합니다. 서로 이해관계가 맞
으면 합종연횡이 일어납니다.

08 그래서 모호합니다. 관계도, 경계도 모호합니다. 일상으
로 배신이 난무하니 정말 믿을 사람이 없습니다. 늘 불
안합니다.

09 베드로가 칼을 빼어 휘두르자 대제사장의 종 말고의 귀
가 잘립니다. 베드로는 이 행동이 예수님을 위한 충성심
을 입증한다고 여겼을 것입니다.

10 그러나 베드로의 행동은 돌출적입니다. 기도해야 할
때 기도하지 않은 탓입니다. 기도가 산을 움직이려
면 먼저 태산같이 잠잠해야 합니다.

11 예수님께서 조용히 명령하십니다. "칼을 칼집에 꽂아라." 칼을 가진 자는 칼로 망합니다. 칼이 칼집에 있을 때는 칼이지만 휘두르고 나면 상처가 됩니다.

12 예수님은 이 고난이 아버지께서 허락하신 것임을 알려 주십니다. "아버지께서 주신 잔을 내가 받아 마셔야 하지 않겠느냐?"(11절) 겟세마네 기도의 결론입니다. 아버지가 주신 고난은 산전의 고통이고 동트기 전의 어둠입니다.

보라 너희가 다 각각 제 곳으로 흩어지고
나를 혼자 둘 때가 오나니 벌써 왔도다
그러나 내가 혼자 있는 것이 아니라
아버지께서 나와 함께 계시느니라

(요 16:32)

01 신앙은 '홀로와 함께'가 절묘하게 균형을 이룬 것입니다. 신앙은 홀로여도 결코 외롭지 않고 누구와 함께여도 괜찮습니다. 언제나 기쁜 탓입니다.

02 예수님은 우리 안에 빼앗길 수 없는 기쁨을 선물로 주셨습니다. 이 기쁨은 상황과 조건에 좌우되지 않습니다. 세상이 주는 것과 다릅니다.

03 세상의 기쁨은 근심과 같이 너울처럼 출렁거려서 금세

009

기쁨이 무엇입니까?

요 16:16-33

변하거나 쉽게 사라집니다. 그래서 많은 이가 조울증과
같은 고통을 겪습니다.

04 어떻게든 벗어나려고 사람들을 가까이해 봐도 힘들고
멀리해도 힘듭니다. 사람의 문제는 사람들과 해결해야
하지만 안 되는 게 있습니다.

05 그러나 예수님이 함께하시면 근심이 변하여 기도가 되
고 슬픔이 변하여 기쁨이 됩니다. 예수님은 신앙의 본질

을 다시 확인시켜 주십니다.

06 "너희가 다 나를 떠날 것이다. 그러나 나는 혼자가 아니다. 언제나 아버지와 함께이기 때문이다."(32절) 그래서 예수님의 홀로의 시간, 기도의 시간은 기쁨이었습니다.

07 누구건 떠납니다. 이런저런 이유로 떠납니다. 앞서거니 뒤서거니 떠납니다. 생자필멸이고 회자정리입니다. 그때마다 솔직히 감정 처리가 쉽지 않습니다.

08 그러나 믿음이란 '상수가 변수를 통제하는 것'입니다. 미래의 그림이 현실을 받아들이는 태도를 결정합니다. 그래서 의연하고 평안할 수 있습니다.

09 예수님은 곧 제자들이 다 흩어질 것을 아십니다. 가룟 유다가 어떻게 할지, 베드로가 무슨 말을 할지 다 아십니다. 그럼에도 사랑하십니다.

10 어떻게 그런 제자들을 끝까지 사랑할 수 있을까요? 사랑의 기초가 사람이 아니라 하나님이기 때문입니다. 뿌리 사랑은 변치 않습니다.

11 그 사랑은 닻과 같고 반석과 같습니다. "모두 떠나도 나는 혼자가 아니다." 예수님은 늘 아버지와 함께였고 아버지와 하나였습니다.

12 함께하는 기쁨, 하나 되는 기쁨을 누리는 것이 평안입니다. 이 기쁨은 해산을 앞둔 산모가 고통 중에 아기를 바라는 기쁨입니다. 열 달의 고통과 비교할 수 없는 생명에 대한 기쁨입니다. 이 기쁨으로 담대하고 이 평안으로 세상을 이미 이긴 것입니다. 우리는 예수님과 함께 이겼습니다.

너희가 내 안에 거하고
내 말이 너희 안에 거하면
무엇이든지 원하는 대로 구하라
그리하면 이루리라

(요 15:7)

01 예수님은 자신을 포도나무요 우리를 가지라 하십니다.
포도나무의 목적은 목재가 아니라 열매에 있습니다. 풍
성한 열매가 언제나 목적입니다.

02 가지란 나무에 붙어 있는 것이 전부입니다. 붙어 있으면
서 제대로 열매만 맺으면 됩니다. 그러나 열매가 없으면
농부는 가차없이 가지치기를 합니다.

03 가지는 나무를 떠나면 아무것도 아닙니다. 말라 죽거나

010

무엇을 구합니까?

요 15:1-17

불 속에 던져집니다. 예수님은 지금 신앙생활의 본질에
관한 말씀을 하고 계십니다.

04 신앙은 내가 선택하고 내가 결정한 것 같지만 전적으로
하나님이 주도하십니다. 그래서 사실 신앙은 수동태입
니다. 가지와 같은 것입니다.

05 믿는다는 것은 결국 예수님께 잘 붙어 있는 것입니다.
예수님은 "네가 나를 택한 것이 아니라 내가 너를 택해

세웠다"(16절)고 알려 주십니다.

06 나무에 제대로 붙어 있기만 하면 열매 맺는 것은 지극히 자연스러운 일입니다. 내가 열매를 맺겠다 애쓴다고 열매가 맺히는 것이 아닙니다.

07 가지는 뿌리로부터 올라온 수액이 제대로 흐르기만 하면 족합니다. 가지의 소원은 나무의 소원과 다를 바가 없습니다. 나무의 일부인 까닭입니다.

08 가지가 나무에 붙어 있으면 무엇을 구하겠습니까? 사과나무가 배를 구하며, 감나무가 무화과를 구할 수 있겠습니까? 구한들 그렇게 되겠습니까?

09 만약에 우리가 예수님 안에 있고 예수님의 말씀이 우리 안에 있으면 우리가 무엇을 구하겠습니까? 우리가 원하는 것이 엉뚱한 것들이겠습니까?

10 신앙은 예수님과 나의 소원이 일치되어 가는 과정입니다. 성화란 그런 것입니다. 예수님이 원하는 것을 구하고 그게 이뤄지는 것을 보는 것입니다.

11 많은 사람들이 "너희가 내 안에 거하고 내 말이 너희 안에 거하면"은 무시하고 "무엇이든지 원하는 대로 구하라 그리하면 이루리라"만 기억합니다.

12 '예수님을 사랑하고 그 사랑의 계명을 지키면' 무엇이든지 구해도 좋고 무슨 일을 해도 그만입니다. 예수님과 달리 구할 수도 없고 그분의 뜻과 다른 일을 할 수도 없기 때문입니다. 그러면 모든 것이 사랑의 열매입니다.

나는 사람에게서 증언을 취하지 아니하노라
다만 이 말을 하는 것은
너희로 구원을 받게 하려 함이니라
(요 5:34)

01 세상에서는 내가 나를 증명해야 합니다. 그래서 호적을
    만들고 주민등록증을 만듭니다. 내 집을 사고팔기 위해
    서 인감증명도 만듭니다.

02 세상에서는 속고 속이는 일이 많습니다. 그래서 사람의
    말을 신뢰하는 것이 조심스럽습니다. 말을 신뢰하기보
    다 그 사람의 행동을 주시합니다.

03 사람의 진실성을 놓고 이것저것 따져 보고 검증하는 것

011

믿음의 증거가 무엇입니까?

요 5:30-38

을 나무랄 수는 없습니다. 왜냐하면 믿음이란 전인격적
인 관계를 요구하기 때문입니다.

04 취업도 그렇고 결혼도 마찬가지입니다. 사실의 검증을
    소홀히 했다가 돌이킬 수 없는 손실이나 고통을 겪는 일
    이 주변에 얼마나 많은지 모릅니다.

05 신앙은 어떻습니까? 그냥 믿으라고 하는 것이 맞습니
    까? 아닙니다. 신앙은 내 믿음에서 시작된 것이 아닙니

다. 사실로부터 시작된 것입니다.

06 이스라엘 백성의 출애굽은 역사적 사실입니다. 홍해와 요단강을 건너고 여리고 성을 점령한 것은 역사적 사실이고 경험입니다.

07 그 역사적 사건 속에서 드러난 하나님을 믿기 때문에 그들의 신앙은 난공불락입니다. 다만 선민의식으로 변질된 편협한 신관이 문제일 뿐입니다.

08 유대인들은 그 편견과 선입관에 사로잡혀 예수님을 증거하는 사실들을 오히려 놓치고 말았습니다. 먼저 세례 요한이 예수님을 증거했습니다.

09 사실 이 증거는 예수님을 위한 것이 아니라 예수님을 믿지 못하는 사람들을 위한 것입니다. 세례 요한의 증거보다 더 분명한 증거가 있습니다.

10 예수님이 행하신 일들입니다. 통상적으로 사람들이 하는 일이 아닙니다. 그분의 기적과 사람들의 반응은 우리가 겪는 일상의 경험 이상입니다.

11 가장 놀라운 것은 성도들의 내면이 변화한 증거입니
다. 내 밖에 있는 것들은 아무것도 달라지지 않았는
데 내 안은 전혀 새로운 모습으로 변화된 것입니다.

12 사실에 기초한 믿음, 이 믿음에서 비롯된 감정은 견고한
신앙의 바탕이 됩니다. 그러나 감정에 기초한 믿음, 경험
에 의지한 신앙은 쉽게 흔들립니다. 신앙은 반드시 증거
를 요구합니다. 그러나 성경과 성령보다 분명한 증거는
없습니다.

너희가 세상의 초등학문에서
그리스도와 함께 죽었거든
어찌하여 세상에 사는 것과 같이
규례에 순종하느냐
(골 2:20)

01 어릴 때는 내가 기준입니다. 어린 사람은 항상 내가 옳습니다. 내가 아는 것이 전부여서 남을 용납하지 못합니다.

02 어린 아이들은 그래서 잘 놀다가도 쉽게 싸웁니다. 내가 알지 못하는 얘기를 들으면 틀렸다고 우깁니다. 어린이들은 그래서 다툼이 잦습니다.

03 바울은 소아시아 교회들에서 누가 어떻게 문제를 일으키는지를 압니다. 그들은 예수를 믿는다고 하지만 그분

012

무엇이 중요합니까?

골 2:8-23

이 누구인지 제대로 알지 못했습니다.

04. 예수님을 입으로 시인하고 구주로 고백해도 헬라인은 헬라식으로 이해하고 히브리인은 히브리식으로 이해합니다. 각자 자기 방식대로 살아갑니다.

05 이단이 무슨 대단한 이론을 들고 나오는 것이 아닙니다. 하나님을 내 식으로 이해하고, 내가 이해한 대로 제한하는 것이 이단입니다. 말씀을 원하는 대로 왜곡해서 받아

들이는 것입니다.

06 바울은 그 깊이와 너비와 높이를 알 수 없는 예수 그리
스도를 제멋대로 제한하는 사람들에게 끊임없이 그분이
무엇을 이루셨는지를 선포합니다.

07 특히 율법에 매인 자들이 율법을 무기 삼아 성도들을 힘
들게 하는 것에 대해 목청을 높입니다. 사실 그들을 '초
등학생'이라 부르고 싶은 심정입니다.

08 율법의 주인이 율법을 파기한 자의 대가를 친히 치
렀다는 걸 왜 모릅니까? 왜 세상에 속한 사람들처럼
헛된 규정들을 놓고 서로 야단입니까?

09 바울이 얼마나 답답했으면 초등학생 수준의 지식이라고
일갈했겠습니까? 먹고 마시는 일, 절기와 축제, 안식일
의 시비… 그런 것들을 제발 그만두라고 당부합니다.

10 바울은 그리스도만이 본질이고 그리스도 주변의 일들은 비본질임을 알려 줍니다. 그리스도에 관한 각자의 경험과 주장도 조심하라고 일러 줍니다.

11 비록 천사 얘기를 늘어놓고 천국과 지옥을 들먹일지라도, 자칫 자기가 본 것에 집착한 육신의 생각일 수 있으며 헛된 교만일 수 있음을 경고합니다.

12 바울은 문제의 뿌리를 드러냅니다. 예수님만으로 부족하다, 말씀만으로 부족하다, 신령한 능력 없이는 영적일 수 없다는 생각이 다 교만입니다. 참된 영성은 본질로의 귀환이자 오직 예수님만을 갈망하고 그분께 더 가까이 나아가는 것입니다.

내가 이전에 이스라엘의 하나님 여호와를 가리켜
네게 맹세하여 이르기를
네 아들 솔로몬이 반드시 나를 이어 왕이 되고
나를 대신하여 내 왕위에 앉으리라 하였으니
내가 오늘 그대로 행하리라

(왕상 1:30)

01 무엇을 보고 사느냐가 중요합니다. 어떻게 생각하며 사
느냐도 중요합니다. 그러나 가장 중요한 것은 일생 무엇
을 믿고 사느냐 하는 것입니다.

02 다윗은 수많은 고난을 겪었습니다. 그러나 그는 자신에
게 닥친 고난을 바라보지 않고 고난에서 구원하는 신실
하신 하나님을 바라보았습니다.

03 그 하나님은 기억 속의 하나님이 아니라 살아 계신 분입

013

하나님을 따르는 삶이
무엇입니까?

왕상 1:28-37

니다. 그 하나님은 기도를 듣고 묵묵부답인 하나님이 아니라 응답하시는 분입니다.

04 다윗은 그 믿음을 놓치지 않았습니다. 내가 하나님 뜻 안에 있을 때나 잠시 그 뜻을 벗어났을 때나 하나님은 늘 나의 하나님이셨습니다.

05 그 믿음이 다윗의 능력입니다. 그 믿음이 다윗을 모든 고난에서 건졌습니다. 그 믿음이 이스라엘 백성이 한결

같이 다윗을 사랑한 까닭입니다.

06 아도니야는 아버지의 믿음을 보지 못하고 왕좌만을 보
았습니다. 그는 아버지를 왕좌에 앉히신 분을 아직 믿음
으로 만나지 못했습니다.

07 그래서 조급합니다. 그래서 기다리지 못합니다. 결국 내
머리, 내 계략을 믿고 성급히 왕좌에 앉고자 하다 모든
것이 허사로 돌아가고 맙니다.

08 솔로몬은 아직 주도적으로 움직일 능력도 상황도 아닙
니다. 일은 나단과 밧세바가 계획합니다. 마지막 결정은
다윗을 통해 하나님께서 하십니다.

09 결국 인생은 하나님을 믿느냐 믿지 못하느냐의 갈림길 입니다. 하나님을 향한 믿음이 태도를 가르고 지평을 바꾸기 때문입니다. 다윗은 나이 들어 이제 늙었지만 믿음은 여전합니다.

10 하나님의 뜻이 솔로몬에게 있음을 믿음으로 확인한 다윗의 결단과 조치는 전광석화 같습니다. 솔로몬의 즉위식은 일사천리로 진행됩니다.

11 "솔로몬을 내 노새에 태우고 기혼으로 내려가라. 나단이 그에게 기름 붓고 나팔을 불어라. 그리고 모두 '솔로몬 왕 만세'를 힘차게 외쳐라."(33-34절)

12 내가 평생 애써도 되지 않을 일이 왕이 움직이면 단숨에 이뤄집니다. 내가 죽을힘을 다해도 이뤄지지 않을 일이 왕이 결정하면 단번에 끝납니다. 어리석은 자는 혼자 동분서주하고 지혜로운 자는 조용히 하나님을 뒤따릅니다. 하나님을 앞서지 않을 때 사람을 앞섭니다.

여호와의 율례와 여호와께서
그들의 조상들과 더불어 세우신 언약과
경계하신 말씀을 버리고
허무한 것을 뒤따라 허망하며
또 여호와께서 명령하사
따르지 말라 하신 사방 이방 사람을 따라

(왕하 17:15)

01 다리가 주저앉고 건물이 무너지는 데는 다 이유가 있습니다. 가정이 깨지고 나라가 망하는 데도 다 이유가 있습니다. 우연한 일은 없습니다.

02 이스라엘 백성은 하나님이 약속하신 언약 백성입니다. 그렇다면 그 백성이 이방 나라의 포로로 끌려가는 일이 어떻게 우연이겠습니까?

03 대체 얼마나 잘못했으면 거기까지 갔겠습니까? 하지 말

014

우상숭배가 무엇입니까?

왕하 17:13-23

라고 하는 일만 골라서 했던 거지요. 부모가 싫어하는 짓만 하는 아이와 같습니다.

04 "다른 신을 섬기지 말라. 이방 관습을 따르지 말라. 산당을 짓지 말고 그곳에서 제사 지내거나 분향하지 말라. 목상과 아세라 상을 만들지 말라."

05 이스라엘 백성은 모든 경고와 명령을 무시했습니다. 선지자들과 선견자들이 하나님의 경고를 반복해서 전했지

만 왕이나 백성이나 모두 귀를 막았습니다.

06 심지어 하나님이 그토록 싫어하는 점술과 마법을 행하고, 아들딸들을 불에 태우는 인신제사까지 지냈습니다. 더 이상 남은 악이 무엇입니까?

07 누가 시켜서 한 일입니까? 아닙니다. 스스로 택한 일입니다. 우상숭배의 길이 자신에게 유익하다고 여긴 나머지 스스로 선택한 일입니다.

08 왜 이런 일들이 반복될까요? 내가 먼저이고 내가 무엇보다 중요하기 때문입니다. 그러나 틀렸습니다. 나를 지으신 이가 먼저이고 가장 중요합니다.

09 그래서 창조주를 떠나면 가는 길이 똑같습니다. 창조주를 인정하지 않으면 우상숭배 외에 다른 길이 없습니다. 누군가가 또는 무엇인가가 반드시 하나님의 자리를 차지하고 맙니다.

10 이후로는 마치 본업과 부업이 바뀌는 것과 같습니다. 가족을 위해 회사에서 일하는 것이지, 회사를 위해 가정이 존재하는 것이 아닙니다.

11 인생이 꼬이고 문제가 풀리지 않는 것은 이렇게 앞뒤가 바뀐 탓입니다. 먼저 해야 하고 먼저 지켜야 할 게 있습니다.

12 이 순서가 뒤틀리면 모든 것이 허사입니다. 호미로 막을 일을 가래로도 못 막게 됩니다. 잘되는 데도 이유가 있고 망하는 데도 이유가 있습니다. 잘되는 사람은 잘될 일을 하고, 망하는 사람은 망할 일을 합니다. 개인도 가정도 회사도 국가도 다르지 않습니다.

창조주를 인정하지 않으면
우상숭배 외에 다른 길이 없습니다.

누군가가
또는 무엇인가가
반드시 하나님의 자리를
차지하고 맙니다.

화 있을진저 이 사람들이여,
가인의 길에 행하였으며
삯을 위하여 발람의 어그러진 길로 몰려갔으며
고라의 패역을 따라 멸망을 받았도다
(유 1:11)

01 이단은 다를 이(異)자와 끝 단(端)자의 조합입니다. 시작
    은 구별하기 어려우나 끝에 가서 달라진다는 뜻입니다.

02 유다는 구약의 대표적인 이단 셋을 거론합니다. 첫째가
    가인의 길입니다. 제물로 예배를 드렸으나 하나님께서 받
    지 않으셨습니다. 제멋대로 드렸기 때문입니다.

03 둘째, 발람의 길입니다. 하나님을 알고 그의 뜻도 알았으
    나 재물의 이익 앞에 흔들려 어그러진 선택을 하고 말았

015

이단이 누구입니까?

유 1:11-25

습니다. 바른 길을 알지만 끝내 곁길로 간 것입니다.

04 셋째, 고라의 길입니다. 그는 모세에게 반기를 들었는데
    그 이유가 고약합니다. 모세가 하나님을 곁눈질한 것이
    아니라, 하나님만 바라보았기 때문이었습니다.

05 유다는 이들을 시적으로 묘사합니다. "애찬의 치욕이며,
    비 없는 구름이며, 열매 없는 가을 나무요, 수치의 거친
    파도며, 영원한 떠돌이별입니다."(12-13절)

06 그들도 처음은 괜찮았습니다. 남보다 열심이고 누구보다 부지런했습니다. 그런데 대체 이들은 어디서 빗나가기 시작한 겁니까? 바로 열심이 화근이었습니다.

07 열심 때문에 원망과 불평이 자라고, 열정 때문에 정욕과 교만에 휘둘립니다. 남다른 입을 가졌지만 자기 이익을 위한 아첨의 입일 뿐이었습니다.

08 유다는 이들이 가는 길의 끝을 알려 줍니다. "결국 분열을 일으킬 것이고 자기 육신을 따라갈 것이며 성령에 반하는 길을 갈 것입니다."(19절)

09 잠잠히 듣다 보면 이단이 밖에 있는 것이 아니라 내 안에 있음을 발견합니다. 교회 밖에 있는 것이 아니라 교회 안에 있음을 알게 됩니다.

10 차라리 알려진 이단들은 조심도 하고 싸우기도 합니다. 그러나 정통의 이름과 전통의 인습 안에서 자라는 이단은 식별조차 어렵습니다.

11 마치 암세포가 자라나 숙주의 몸을 못쓰게 만들듯, 이 시대에도 교회 안팎의 수많은 이단들이 크고 작은 교회들을 공격해 넘어뜨립니다.

12 어떻게 해야 합니까? 사도 유다가 권합니다. "거룩한 믿음 위에 자신을 세우되 성령으로 기도하십시오. 오직 아버지의 사랑 안에서 자신을 지키고 예수님의 긍휼만을 의지하세요."(20-21절) 그러면 일용할 양식을 얻습니다. 신앙은 누구에게나 하루치입니다.

그들이 이스라엘에게
범죄하게 한 여로보암 집의 죄에서 떠나지 아니하고
그 안에서 따라 행하며
또 사마리아에 아세라 목상을 그냥 두었더라
(왕하 13:6)

01 북이스라엘의 여호아하스 왕은 고스란히 바알 신앙으로
되돌아갔습니다. 혁명은 한 시대를 흔들 뿐 시간이 흐르
면 옛 모습 그대로 회귀해 버립니다.

02 북이스라엘이나 남유다의 실상은 사사기 시대와 다를
바가 없습니다. 고난이 오면 부르짖으나 은혜를 받으면
또다시 타락하기를 반복합니다.

03 이 축복-타락-심판-구원의 사이클은 마치 하나님과 인

016

지혜가 무엇입니까?

왕하 13:1-13

간의 숨바꼭질 같습니다. 아이를 키우다 보면 이해하게
됩니다. 죄인의 패러다임입니다.

04 돈이 많아지고 권력이 높아지고 인기가 치솟고 이름이
알려지면 은혜를 잊기 시작합니다. 고마움이 사라집니
다. 불평은 늘 교만에서 자랍니다.

05 하나님이 사람을 다시 낮추시는 데는 다른 방법이 필요
하지 않습니다. 보호의 손길을 거두시면 됩니다. 심판은

버려두는 것입니다.

06 아이가 끝없이 떼를 쓰면 버려둡니다. 공부하지 않겠다고 고집을 부리면 내버려 둡니다. 특별히 무슨 다른 심판이 필요하지 않습니다.

07 나중에 원망합니다. 왜 내버려 두었느냐고 대듭니다. 인간의 항변입니다. 왜 그때 죄 짓게 내버려 두었느냐고 따집니다. 적반하장입니다.

08 가만히 들어 보면 이는 왜 자유의지를 주었느냐는 투정입니다. 왜 나를 로봇으로 만들어 사전 프로그램대로 살도록 하지 않았느냐는 힐문입니다.

09 아버지의 사랑을 알 때까지는 이것이 악순환됩니다. 자기 자녀를 낳아서 같은 일을 겪지 않고는 깨닫지 못합니다. 죄는 그야말로 당할 재간이 없습니다.

10 그래서 고집이 어리석음입니다. 내 판단과 불평이 어리
석음입니다. 알고 보면 머리가 나쁜 것입니다. 머리가 나
빠 은혜를 금세 잊습니다.

11 인간이 똑똑한 것 같아도 한 치 앞을 내다보지 못합
니다. 정말 알면 겸손하고 제대로 알면 잠잠합니다.
다 알면 정말 내세울 것이 없습니다.

12 지혜의 근본은 하나님을 아는 것입니다. 하나님을 바로
알면 나를 잊습니다. 내려놓을 것도 없고 버리려고 애쓸
것도 없습니다. 그냥 감사하고 찬양하고 기도하게 됩니
다. 그러나 나를 고집하고 주장하는 순간, 다시 죄와 맞
닥뜨리고 우상과 조우합니다.

다만 하나님을 사랑하는 것이
너희 속에 없음을 알았노라

(요 5:42)

01 사람들이 왜 예수님을 믿지 않을까요? 예수님은 그 이유
   를 자상하게 알려 주십니다. 내가 모르는 내 안의 동기
   까지 낱낱이 밝혀 주십니다.

02 먼저 예수님께 나아가는 목적이 바르지 않기 때문입니
   다. 예수님께 가야 할 이유와 목적은 다른 것이 아니라
   생명이어야 합니다.

03 상대가 주려고 하는 것과 내가 받고 싶어 하는 것이 다

017

지옥이 무엇입니까?

요 5:39-47

르면 관계가 부드럽지 못합니다. 내가 원하는 것을 얻지
못한 채 좋은 관계를 유지하기란 어렵습니다.

04 사람들한테 인정받기를 고수하는 한 하나님의 인정으로
만족할 수 없습니다. 실은 사람들한테 인정받기 위해 하
나님을 열심히 구하게 됩니다.

05 예수님은 그 마음을 한마디로 알려 주십니다. "너희에게
하나님을 사랑하는 마음이 없구나."(42절) 사랑하지 않기

때문에 다른 것을 구하고 있다는 얘기입니다.

06 진실로 누군가를 사랑하면 그 사람을 원하지 그 사람이 가진 것을 바라지 않습니다. 하나님을 사랑하지 않기 때문에 요구가 많은 것입니다.

07 사랑하는 사람은 눈만 마주쳐도 좋고 말없이 바라보고만 있어도 좋습니다. 그러나 사랑하지 않으면 일적으로 만나 내 목적을 채우는 것에 급급합니다.

08 그러니 예수님을 추구할 이유가 무엇이겠습니까? 나를 채워 주는 가짜 메시아가 훨씬 매력적입니다. 복 주고 필요를 채워 주면 누구건 좋습니다.

09 성경도 하나님을 사랑하는 마음이 없다면 무용지물입니다. 연애편지는 사랑하는 사람이 읽어야 감동적이지 상관없는 사람은 유치하다고 던져 버립니다.

10 누군가는 성경을 읽을 때 하나님의 마침표에 느낌표로 답해야지 물음표로 답할 일이 아니라고 말합니다. 사랑하지 않으면 답답하기만 합니다.

11 예수님은 유대인들이 그토록 집착하는 모세의 율법이 무엇인지를 알려 주셨습니다. 하나님을 사랑하고 이웃을 사랑하며 사는 방법입니다.

12 사랑은 빠지고 형식만 남았을 때 그들이 만든 하나님나라는 세상보다 못한 곳이 되고 말았습니다. 그들이 온 힘을 다해 추구했던 하나님나라는 하나님을 십자가에 못 박는 곳이 되고 말았습니다. 사랑 없는 곳이 지옥입니다.

그런즉 믿음, 소망, 사랑,
이 세 가지는 항상 있을 것인데
그중의 제일은 사랑이라

(고전 13:13)

01 성경에서 사랑장이라 일컫는 고린도전서 13장은 성령의
   은사들과 특히 방언과 예언의 은사에 대한 이야기 사이
   에 한편의 시처럼 등장합니다.

02 성도들이 은사를 놓고 서로 시기하고 또 각 은사들 간의
   우열을 따지는 것에 대한 바울의 답변은 우문현답입니
   다. 본질을 살라는 것입니다.

03 "그래, 그 방언이 방언 자체를 위한 것이라면 이방종

018

사랑이 무엇입니까?

고전 13:1-13

교 의식에서 울리는 꽹과리나 징 소리와 뭐가 다릅니까?"(1절) 사랑이 없는 방언은 소음입니다.

04 "믿음도 그렇습니다. 산을 옮기는 믿음도 사랑이 없으면 아무것도 아닙니다. 구제나 헌신이요? 그것도 내 안에 사랑이 없으면 아무 소용없습니다."(2-3절)

05 바울은 이어서 열다섯 가지 사랑의 정의를 이야기해 줍니다. 오래 참음과 친절함을 시작으로 누군가를 덮어

주고 끝까지 견디는 것이라고 알려 줍니다.

06 우리 안에 그런 사랑이 있을까요? 없습니다. 그래서 예수님이 계셔야 합니다. 그분이 내 안에 계실 때 비로소 그 사랑이 시작될 수 있습니다.

07 사랑은 수단이 아니라 그 자체가 목적입니다. 하나님은 사랑이십니다. 예수님은 그 사랑을 보여 주셨습니다. 성령님은 그 사랑을 살아 내게 하십니다.

08 사랑하면 비로소 어른스러워집니다. 사랑 받고 사랑하지 않으면 말하는 것, 이해하는 것, 생각하는 것이 다 어렵습니다. 물론 본인은 잘 모릅니다.

09 살면서 우리가 알고 있는 것들은 다 부분적이고 단편적입니다. 알아도 제대로 아는 것이 없습니다. 언제 알게 될까요? 서로 사랑할 때입니다.

10 바울은 복음 안에 들어 있는 세 씨앗이 바로 믿음, 소망, 사랑이라는 것을 발견했습니다. 그 씨앗들 가운데 사랑의 소중함을 더욱 강조합니다.

11 믿음은 바라는 것들이 이뤄지면 끝납니다. 소망도 구원
이 완성되면 끝납니다. 그러나 사랑은 끝나는 법이 없고
실패하는 법도 없습니다.

12 고린도교회의 모든 문제는 사랑 결핍증에서 비롯된 것
입니다. 오늘날 교회의 모든 문제도 사랑 결핍증에서 나
온 것입니다. 알고 보면 인간의 모든 문제와 세상의 모
든 문제도 사랑 결핍증이 원인입니다. 그래서 예수님밖
에 답이 없고, 십자가 사랑 외에 다른 길이 없습니다.

시몬 베드로와 예수께서 사랑하시던
그 다른 제자에게 달려가서 말하되
사람들이 주님을 무덤에서 가져다가
어디 두었는지 우리가 알지 못하겠다 하니
(요 20:2)

01 다들 참으로 바쁘게 삽니다. 어딘가를 향해 쉴 새 없이
    달려갑니다. 그러나 우리 모두의 끝은 동일합니다. 언젠
    가는 다 무덤에서 만난다는 사실입니다.

02 그 무덤을 치장하느라 무던히도 애를 씁니다. 그러나 무
    덤을 아무리 장식한들 '회칠한 무덤'일 뿐입니다. 생명
    은 되돌아오지 않습니다.

03 예수님의 부활은 그래서 '믿을 수 없는' 사건입니다. 많

019

부활이 믿어집니까?

요 20:1-10

은 사람들이 창조와 부활을 믿지 못합니다. 비이성적이
고 반경험적이기 때문입니다.

04 그러나 예수님은 부활을 예고하셨고 실제로 부활하셨습
니다. 예수님의 시신을 안치했던 무덤은 '빈 무덤'이 되
었습니다. '빈 무덤'이 영광입니다.

05 부활하신 예수님을 목격한 자는 500여 명입니다. 막달
라 마리아가 첫 목격자가 되었습니다. 제자들이 아니라

가장 천하며 귀신 들렸던 여자입니다.

06 주일이라 부르는 날 새벽, 마리아는 무덤의 입구를 막아
    놓았던 돌이 치워져 있는 것을 발견합니다. 곧바로 베드
    로와 요한에게 달려가 이 사실을 알립니다.

07 요한은 무덤에 먼저 도착했고, 베드로는 무덤 안에 먼저
    들어갑니다. 시신을 쌌던 삼베와 머리를 감쌌던 수건이
    가지런히 놓여 있습니다.

08 마리아는 누군가 시신을 다른 곳으로 옮겼다고 생각했
    고, 제자들도 마찬가지입니다. 예수님이 이미 예고하신
    부활을 여전히 깨닫지 못합니다.

09 베드로와 요한은 빈 무덤을 확인하고 나서 집으로 돌아
    갑니다. 그들의 뒷모습은 초라합니다. 빈 무덤을 보고도
    믿음이 차오르지 않습니다.

10 아마 그들도 누가 시신을 옮겼나 더럭 의심했을지 모릅니다. 부활은 보지 않고는 믿을 수 없는 사건이기에 그렇습니다. 내 결심과 노력으로는 믿지 못합니다.

11 "태초에 하나님이 천지를 창조하시니라."(창 1:1) 밑도 끝도 없는 얘기처럼 들리는 이 말씀이 믿어지는 것이 기적입니다. 부활 신앙도 기적입니다.

12 창조가 믿어져야 성경 전체가 믿어지고, 부활이 믿어져야 비로소 살아 계신 예수님이 보이고 들리고 느껴집니다. 이 믿음은 선물입니다. 내 소신이나 신념, 확신과 다릅니다. 그래서 신앙은 초상식, 초이성입니다. 그래서 신앙은 능력 이상의 능력입니다.

이르시되 이사야가 너희 외식하는 자에 대하여
잘 예언하였도다
기록하였으되 이 백성이 입술로는
나를 공경하되 마음은 내게서 멀도다
(막 7:6)

01 젊은이들이 교회를 떠나고 있습니다. 많은 기독교인들
이 흔들리고 있습니다. 그보다 더 많은 비기독교인들이
마음을 닫고 있습니다.

02 이유가 무엇입니까? 교회가 목마른 사람들을 더 목마르
게 하기 때문입니다. 진정한 쉼이 필요한 사람들을 더
피곤하게 하기 때문입니다.

03 이 시대를 살아가는 사람들은 대부분 탐욕스럽고 음란

020

율법이 무엇입니까?

막 7:1-23

하고 피로합니다. 그러나 출구를 못 찾고 있습니다. 그래서 예수님에 더 목마릅니다.

04 교회는 생수가 끊임없이 흐르는 곳입니다. 예수님의 생명이 흘러넘치는 공동체입니다. 서로 사랑하기 때문에 서로 회복되는 곳입니다.

05 교회의 본질은 예수님입니다. 교회의 생명은 말씀입니다. 교회의 소망은 구원입니다. 교회는 교단도, 교파도,

제도도 아닙니다.

06 더구나 전통도 아닙니다. 예수님 당시의 유대인들은 전통에 목이 졸렸습니다. 전통을 지키느라 허리가 휘었습니다. 전통이 신앙의 지표였습니다.

07 예수님은 비본질에 집착해 본질을 잃어버린 신앙에 일갈합니다. "입술로만 하나님 얘기를 하고 있지 속마음은 하나님을 떠났구나."(6절)

08 사랑이 식은 곳에 전통이 자라납니다. 기득권을 고집하는 곳에 전통이 더께를 더합니다. 전통이 유명할수록 위선의 탈이 단단해집니다.

09 예수님은 율법의 완성입니다. 사랑은 율법의 마침입
    니다. 모든 율법은 하나님 사랑과 이웃 사랑이라는
    본질을 위한 도구입니다.

10 사랑은 없고 율법과 전통만 남았다면 이미 교회가 아닙
    니다. 사람은 물을 마시지 컵을 마시지 않습니다. 물이
    새는 컵은 버려야 마땅합니다.

11 예수님은 정결법을 새롭게 규정하십니다. "모든 음식물
    이 깨끗하다. 더러운 것은 사람의 마음이다."(15-16절) 그
    러자 종교 기득권층이 예수님을 못 박았습니다.

12 신앙의 본질은 예수님과 함께 교회 되는 것이고, 예수님
    안에서 서로 사랑하는 것입니다. 이 본질을 놓치면 비본
    질은 아무 능력이 없습니다. 다만 버려져 사람들의 발에
    밟힐 뿐입니다.

이 성전이 높을지라도
지나가는 자마다 놀라며 비웃어 이르되
여호와께서 무슨 까닭으로
이 땅과 이 성전에 이같이 행하셨는고 하면
(왕상 9:8)

---

01 솔로몬이 성전과 왕궁 건축을 마쳤습니다. 그는 바라던
    것을 다 이루었습니다. 이제 기뻐하는 일만 남았을까요?
    아닙니다. 오히려 위기입니다.

02 이때 하나님께서 솔로몬에게 두 번째 나타나셨습니다.
    일천 번제를 드리며 지혜를 구한 솔로몬을 만나 주신 하
    나님이 이제 다 이룬 그를 만나십니다.

03 누구나 정상에 오를 수 없습니다. 그러나 정상에 올랐다

021

성전이 무엇입니까?

왕상 9:1-9

고 해서 거기 오래 머물 수 있는 것도 아닙니다. 정상에 오른 순간 하산을 준비해야 합니다.

04 하나님은 지혜로운 솔로몬에게 지혜로운 하산 준비를 명하기 위해 찾아오셨습니다. "너는 네 아버지 다윗처럼 살며 규례와 법도를 지켜라."(4절)

05 이스라엘을 다스리는 왕의 기준은 다윗입니다. 그가 완전해서가 아니라 늘 하나님께로 돌이켰고 우상에 빠지

지 않았기 때문입니다.

06 하나님은 이 충성스러운 다윗과 언약을 맺었습니다. "이
    스라엘 왕좌에 앉을 사람이 네게서 끊어지지 않을 것이
    다."(5절) 영원한 왕조의 언약입니다.

07 그런데 만일 왕이 하나님을 떠나 우상에게 달려가면 어
    떻게 됩니까? 그 땅에서 내쫓기게 될 것이고, 성전마저
    철저히 무너지게 될 것입니다.

08 "성전에 영원히 내 이름을 두겠다고 하지 않으셨습니
    까?"라며 뒤늦게 통곡하고 절규해도 소용없는 일입니다.
    이방 민족들의 조롱거리가 될 뿐입니다.

09 성전은 하나님이 계셔서 성전이고, 하나님의 말씀대로 사는 성도들이 있어서 성전입니다. 우상을 섬기는 백성의 건물이 어떻게 성전이겠습니까?

10 성전이 성전으로 구별되려면 세상 기준을 초월하는 곳이어야 합니다. 이해득실을 넘어서야 하고 시기와 탐욕에서 벗어나야 합니다.

11 성전에서 세상보다 못한 일들이 벌어집니다. 사람들은 그때나 지금이나 으리으리한 성전을 보며 묻습니다. "하나님께서 왜 저런 일들을 내버려 두는 것일까?"

12 지금은 돌과 나무로 만든 우상 앞에 엎드리지는 않습니다. 그러나 돈과 성과 권력 속에 똬리를 튼 우상, 스포츠와 문화에 깃든 우상들을 향해 달려갑니다. 저급한 정치와 효율적인 경영의 사고와 기준이 범람합니다. 그런데 어떻게 그런 곳이 성전이고 교회입니까?

다윗이 그를 가리켜 이르되
내가 항상 내 앞에 계신 주를 뵈었음이여
나로 요동하지 않게 하기 위하여
그가 내 우편에 계시도다

(행 2:25)

01 신앙의 가장 큰 비밀 한 가지는 시간과 역사에 대한 새
로운 관점입니다. 믿음은 과거와 현재, 현재와 미래를 새
롭게 연결합니다. 믿음은 과거를 해석하는 힘이고, 미래
를 살아 내는 능력입니다.

02 믿음의 눈은 과거의 의미를 더 깊이 해석하고, 미래의
소망을 더 높은 곳으로 이끕니다. 우리는 모두 보는 만
큼 달라지며 보는 만큼 갈 수 있습니다.

022

교회가 무엇입니까?

행 2:22-36

03 베드로는 성령에 이끌려 말씀을 선포합니다. 사람들은
    베드로가 학문이 얕으며 그저 평범한 사람에 불과하다
    고 생각했습니다. 그런데 그의 입에서 성경의 놀라운 비
    밀이 흘러나왔습니다.

04 "여러분은 다윗의 혈통을 따라 메시아가 오실 것임을
    믿고 있습니다. 그러나 그 다윗은 이미 천년 후에 오실
    메시아를 보고 있었습니다. 그분의 시를 들어 보십시
    오."(30-31절)

05 베드로는 지금 구약 전체에 보석처럼 박혀 있는 예수 그리스도에 대한 이야기를 캐내어서 유대인들의 눈앞에 펼쳐 보여 줍니다. 그리스도의 부활 사건과 오순절 성령 강림 사건은 모두 성경에 기록된 예언이 성취된 것임을 선포합니다.

06 예수님이 체포될 때 멀찍이서 따라갔다가 세 번씩이나 예수님을 부인하던 과거의 베드로와는 딴판입니다. 부활하신 예수님을 만나고도 여전히 두려움을 떨치지 못하고 의기소침하던 모습과도 너무 다릅니다.

07 베드로는 비로소 바로 눈앞에 계신 주님을 보고 있기 때문입니다. 비로소 다윗의 고백이 내 고백임을 깨달았기 때문입니다.

08 종교는 멀리 떨어져 있을 뿐만 아니라 가까이 갈수록 멀어지는 신과의 숨바꼭질 같은 것입니다. 그러나 신앙은 내 눈앞에 계신 분을 항상 뵙는 것입니다. 모세가 얼굴과 얼굴로 대면한 하나님을 이제 누구나 아버지라 부르며 그분과 대화하는 삶입니다.

09 다윗이 견딜 수 없는 고난을 이긴 것, 깊고 깊은 고난 가운데서도 평안했던 것, 아무것도 없지만 부족함이 없다고 고백했던 것, 그 모든 것의 비밀은 바로 코람데오의 신앙에 있습니다. 주님이 언제나 나와 함께하신다는 임마누엘의 신앙입니다.

10 예수님이 그리스도이며 부활하셨다는 것이 사실과 지식에 그치지 않고 내 삶의 사건이 될 때 비로소 샘솟는 환희가 있습니다. 마음에는 기쁨이 가득하고 입술에는 찬양이 쉬지 않고 흘러나옵니다.

11 예수님의 십자가 사건은 부활 사건으로 이어지고 부활 사건은 성령 사건으로 이어지면서 교회가 탄생했습니다. 교회는 말씀으로 잉태되었고 기도로 양육되었으며 성령으로 출산되었습니다.

12 교회는 건물도, 제도도, 교단도 아닙니다. 돈도, 권력도, 명예도 아닙니다. 교회는 다만 눈앞에 계신 주님과 동행하는 사람이고, 주님 때문에 흔들리지 않는 믿음입니다. 교회는 영원에서 영원까지 하나님의 영광입니다.

그들이 조반 먹은 후에
예수께서 시몬 베드로에게 이르시되
요한의 아들 시몬아 네가 이 사람들보다
나를 더 사랑하느냐 하시니
이르되 주님 그러하나이다 내가 주님을 사랑하는 줄
주님께서 아시나이다
이르시되 내 어린 양을 먹이라 하시고

(요 21:15)

01 사랑은 인간으로부터 시작되지 않았습니다. 사랑은 하나님으로부터 시작된 하나님의 본질입니다. 그래서 그 사랑은 무한하고 영원합니다.

02 하나님의 사랑이 어떤 것인지 예수님이 보여 주셨습니다. 예수님은 사람을 먼저 사랑하셨고 끝까지 사랑하셨으며 목숨을 다해 사랑하셨습니다.

03 예수님의 사랑은 십자가 사랑이고 부활 사랑입니다. 부

023

예수님을 사랑한다는 것이
무엇입니까?

요 21:15-24

활하신 것도 사랑을 고백하기 위한 것이었습니다. 그 사
랑으로 낙심하고 좌절한 제자들을 회복시키기 위한 것
이었습니다.

04 예수님은 갈릴리 호숫가에서 아침 식탁을 차려 놓고 제
자들을 부르셨습니다. 그물을 채워 주시고는 방금 잡은
물고기 몇 마리를 구워 함께 식사하셨습니다.

05 예수님은 식사 때 하실 말씀과 식사 후에 하실 말씀의

순서를 바꾸지 않으십니다. 식사가 끝나자 이 식탁을 마련하신 본래 목적이 드러납니다.

06 베드로에게 똑같은 말씀을 세 번 되풀이하십니다. 사실 질문이라기보다 베드로를 다독이는 사랑의 고백입니다. 그러나 베드로의 얼굴은 착잡합니다.

07 예수님을 사랑한 것도 진심이었고 부인한 것도 되돌릴 수 없는 사실입니다. 베드로가 얼마나 괴로웠을까요? 얼마나 스스로 한심하고 부끄러웠을까요?

08 자타가 예수님의 수제자로 여기지 않았습니까? 주님이 반석이라고 불러 주셨고, 그토록 끝까지 따르겠다고 큰소리쳤던 제자가 아닙니까? 그러나 그런 그도 한순간에 무너지고 말았습니다.

09 "네가 나를 사랑하느냐?" 예수님은 변함없이 베드로를 사랑하시기에 물으십니다. 베드로가 세 번 부인했기에 세 번 번복의 기회를 주십니다.

10 "제가 주님을 사랑하는 줄 주님께서 아십니다." "그래, 내가 안다. 그러니 너는 내 양을 치라." 예수님을 사랑한다는 것은 사람을 사랑하는 것입니다.

11 내게 맡기신 사람을 사랑한다는 것은 내 힘으로 불가능합니다. 주님의 양 떼를 끝까지 돌본다는 것은 내 결단과 의지만으로는 불가능합니다.

12 목양은 '내가 원치 않는 곳으로 묶여서 끌려가는 것'이고, 세상 기준으로 보면 처음부터 실패하러 가는 길입니다. 양 떼는 결코 내 비전을 이루는 도구가 아닙니다. 그 일은 주님을 나 자신보다 더 사랑할 때만 가능한 일입니다. 그러나 그 사랑이 비교할 수 없는 성공이기에 멈출 수 없는 길입니다.

진실로 누군가를 사랑하면
그 사람을 원하지 그 사람이 가진 것을
바라지 않습니다.

하나님을 사랑하지 않기 때문에
요구가 많은 것입니다.

내가 주와 또는 선생이 되어
너희 발을 씻었으니
너희도 서로 발을 씻어 주는 것이 옳으니라
내가 너희에게 행한 것같이
너희도 행하게 하려 하여 본을 보였노라

(요 13:14-15)

01 최후의 만찬 자리에서 두 가지 의식이 진행됩니다. 세족
식과 성찬식입니다. 여기에는 열두 제자들에게 남길 예
수님의 마지막 유언의 메시지가 담겼습니다.

02 성찬식의 메시지는 '나를 먹으라'입니다. 신앙은 이해하
고 따지는 일이 아니라 하나 되는 일이기 때문입니다.
하나 됨은 내주하는 것입니다.

03 '그가 내 안에, 내가 그 안에' 상호 내주하는 삶의 표현이

024

성찬과 세족식이
무엇입니까?

요 13:1-20

먹는 것입니다. 그래야 하나 되고, 힘이 되고, 생명이 되
는 것입니다.

04 세족식의 메시지는 '서로 섬기라'입니다. 섬김이란 나를
낮추는 데서 시작합니다. 내가 높아져서는 못 섬깁니다.
섬김은 무릎을 꿇는 일입니다.

05 예수님께서 허리에 수건을 두르고 제자들의 발을 하나
씩 씻기기 시작하십니다. 하인 중에서도 가장 낮은 자의

일이 손님의 발을 씻기는 것입니다.

06 당시 어느 누구도 상상조차 할 수 없던 일입니다. 선생이 제자의 발을 씻긴다는 것은 어느 누구도 생각조차 해 본 적이 없는 일이었습니다.

07 이 세족식은 리더십이 BC와 AD로 갈라지는 획기적인 사건입니다. 이후 리더십의 본질은 섬김이라는 생각이 퍼지기 시작했습니다.

08 예수님은 리더가 걸어야 할 길을 본으로 보여 주십니다. 도대체 본 적이 없는 사람들에게 몸소 행함으로 보여 주시고, 본을 따르라고 말씀하십니다.

09 성찬의 목적이 예수님과 사람이 하나 되는 것이라면, 세족의 목적은 사람과 사람이 하나 되는 것입니다. 그 길은 누군가 먼저 낮아지는 것입니다.

10 먼저 낮추는 것은 결코 자존감이 낮아서는 할 수 없는 일입니다. 결코 교만해서는 갈 수 없는 길입니다. 섬김은 먼저 나를 내려놓아야 할 수 있습니다.

11 우리가 사는 세상에서 필요한 것이 바로 진정한 섬김입
    니다. 가르침은 이미 차고 넘칩니다. 섬김의 본을 보이지
    않으면서 가르쳐 봐야 헛일입니다.

12 세상은 이제 그리스도인의 메시지가 궁금하지 않습
    니다. 세상은 '말 따로 행동 따로'에 질렸습니다. 섬
    김의 본질은 말에 있지 않고 행동에 있습니다. 복음
    의 본질은 채움에 있지 않고 비움에 있습니다.

우리가 사방으로 우겨쌈을 당하여도
싸이지 아니하며
답답한 일을 당하여도
낙심하지 아니하며
(고후 4:8)

01 진짜 다이아몬드 목걸이를 금고에 보관하고 평상시엔
    인조 다이아몬드 목걸이로 치장하는 사람이 있습니다.
    그는 사람들의 시선에는 무관심합니다.

02 누군가 묻습니다. "모조품이지요?" "어떻게 아셨어요?
    맞습니다." 그러고는 웃어넘깁니다. 가짜냐는 지적이 불
    편하지 않습니다. 진짜가 있기 때문입니다.

03 복음을 지닌 사람은 어떨까요? 무시당하면 어떤 느낌일

025

속사람이 무엇입니까?

고후 4:1-18

까요? 크게 흔들리지 않습니다. 바울은 그런 사람을 향해 "보배를 질그릇에 가진 사람"(7절)이라고 부릅니다.

04 그런 사람은 어려움이 닥쳐도 절망하지 않고, 힘든 일을 겪어도 낙심하지 않습니다. 핍박을 받고 넘어지는 일이 있어도 포기하지 않고 주저앉지 않습니다.

05 내가 누구인지를 알 뿐만 아니라 내가 누구와 함께 있는지를 알기 때문입니다. 복음의 사람은 언제나 내 안에

영원한 생명이 있음을 잊지 않습니다.

06 그래서 낙심할 것이 없습니다. 비록 아무것도 없어도 기
     죽지 않고, 나이 먹고 병들어도 웃음을 잃지 않습니다.
     내 안에 지닌 진짜 때문입니다.

07 바울은 이를 겉사람, 속사람으로 표현합니다. 겉사람은
     세월이 지날수록 늙고 병들어도 속사람은 날마다 새로
     워집니다(16절). 어떤 화장품을 바르고 어떤 보약을 먹는
     다고 우리가 날마다 새로워지겠습니까?

08 세상은 눈에 보이는 것들에 점점 더 많은 비중과 가치를
     둡니다. 그래서 인류 역사상 어느 때보다 물질의 풍요를
     누리는데도 사람들은 행복하지 않습니다. 상대적 박탈
     감 때문입니다.

09 이 박탈감을 채우기 위해 어떻게든 더 많이 가지려고 애
     를 씁니다. 목숨을 걸기도 합니다. 속사람보다 겉사람이
     더 중요해서 얼굴과 몸을 가꾸는 데 많은 시간과 물질을
     들입니다.

10 속사람에 눈뜬 사람은 다릅니다. 더 이상 눈에 보이는 것들에 휘둘리지 않습니다. 그런 것들은 언젠가 사라질 것을 잘 아는 까닭입니다.

11 "영원한 것을 얻기 위해 잠시 있다가 없어질 것들을 포기하는 사람은 결코 어리석지 않습니다." 짐 엘리엇의 이 말에 동의하십니까?

12 그러면 고난이 와도 두렵지 않습니다. 사방이 막혀도 하늘을 바라봅니다. 더 이상 나아갈 수 없으면 기다립니다. 오히려 평안합니다. 기도할 수 있는데 왜 낙심합니까? 닥친 문제가 태산 같아도 다른 사람의 어려움을 헤아릴 줄 압니다.

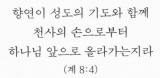

향연이 성도의 기도와 함께
천사의 손으로부터
하나님 앞으로 올라가는지라

(계 8:4)

01 믿음의 삶은 기도의 삶입니다. 믿는 만큼 기도합니다. 기
    도한 만큼 믿음을 더합니다. 그러나 기도의 거인들조차
    때로 긴 어둠의 터널을 지납니다.

02 하나님이 내 기도를 듣지 않으시는 것 같고 때때로 하나
    님이 아주 멀게 느껴집니다. 기도의 능력에 대한 회의가
    몰아치면 기도의 자리가 힘들어집니다.

03 고난의 때에 더합니다. 박해의 시대에 더합니다. 그러나

026

심판이 무엇입니까?

계 8:1-13

말씀은 그 의문을 풀어 줍니다. 요한계시록은 일곱째 인을 떼니 '많은 향'이 기도와 함께 드려진다고 기록합니다.

04 성도의 기도는 땅에 떨어지지 않습니다. 억울해서 눈물 짓고 신원하며 토해 냈던 모든 기도가 그대로 하나님 앞에 보존되어 있습니다.

05 다섯째 인을 뗄 때 "하나님 아버지! 땅에 거하는 자들을 심판해서 저희들의 피를 갚아 주지 않으시기를 어느 때

까지 하시렵니까?"(계 6:10) 하는 순교자들의 기도가 울렸습니다.

06 이제 분명해졌습니다. 기도하던 사람들은 사라져도 기도는 사라지지 않습니다. 기도하던 사람들은 무대에서 내려와도 기도는 영원히 남습니다.

07 사람들은 하나님이 어디 있느냐고 비웃습니다. 기도하느니 내 주먹을 믿겠다고 큰소리칩니다. 기도보다 인맥이나 찾으라고 실소합니다.

08 그러나 전혀 응답되지 않을 것 같던 기도는 하나님의 제단에 고스란히 보존되어 있습니다. 기도는 금대접에 담겨 하나님께 전해집니다.

09 심판은 기도의 응답입니다. 천사가 향로를 쏟자 우레와 음성과 번개와 지진이 납니다. 일곱 천사들이 나팔을 준비하고 대재앙이 임박합니다.

10 첫 번째 나팔에서 네 번째 나팔이 울릴 때까지 온 세상의 3분의 1이 멸절됩니다. 일찍이 인류가 한 번도 경험

한 적 없는 두려운 재앙입니다(7-12절).

11 이 재앙은 출애굽 때 바로와 애굽에 내려졌던 열 가지 재앙을 떠올리게 합니다. 그 재앙도 이스라엘 백성의 부르짖은 기도에 대한 응답이었습니다.

12 구원과 심판은 동전의 앞뒤와 같습니다. 택한 백성에게는 구원이고 강퍅한 바로에게는 심판입니다. 예수님의 초청에 응하면 구원이고 끝까지 거절하면 심판입니다. 다만 초대장 전달은 먼저 구원받은 자들의 몫입니다. 무엇이건 배달 사고는 불명예입니다.

예수께서 이르시되
내가 진실로 진실로 너희에게 이르노니
인자의 살을 먹지 아니하고
인자의 피를 마시지 아니하면
너희 속에 생명이 없느니라

(요 6:53)

01 예수님은 오병이어의 기적 이후 그분께 몰려든 사람들
에게 이렇게 선포하십니다. "나는 생명의 빵이다."(48절)
그리고 한 걸음 더 나아가십니다. "나를 먹고 마셔라."

02 이 말씀 때문에 많은 사람들이 예수님을 떠났습니다. 이
말씀에 따라 성만찬을 하던 초대교회 그리스도인들은
인육을 먹는다는 오해를 받기도 했습니다.

03 이 말씀대로 예수님을 실제로 먹은 사람은 없습니다. 그

027

어떻게 거듭납니까?

요 6:41-59

러면 예수님은 왜 그러잖아도 말 많은 종교인들의 구설 수에 오를 게 뻔한 이 말씀을 하셨을까요?

04 신앙은 내면의 변화이고 삶의 변화이기 때문입니다. 신 앙은 내 안에서 시작된 변화가 밖으로 드러나는 사건입 니다. 무슨 변화입니까?

05 내 안에 움트는 새로운 생명의 변화입니다. 신앙은 새 생명이 잉태된 사건입니다. 예수님은 니고데모에게 이

사건을 '거듭남'이라고 하셨습니다.

06 그리스도인은 새로운 생명이 내 안에서 날마다 자라는 것을 경험하는 사람입니다. 마치 새 생명을 잉태한 임산부와 같습니다.

07 그래서 입덧을 합니다. 내가 그토록 좋아하던 것들이 싫어지고 내 안에 자라는 새 생명에게 필요하고 유익한 것들을 갈망하게 됩니다.

08 그리스도인이 된다는 것은 예수님의 생명이 내 안에 잉태되는 것입니다. 예수님이 내 안에 사시는 것입니다.

09 가장 알아듣기 쉬운 표현이 나를 먹고 마시라는 것이지만, 이 말에 걸려 넘어진 사람이 많았습니다. "나더러 식인종이 되라는 얘긴가?"

10 제자들에게도 물으십니다. "너희도 떠나겠느냐?" 베드로
    가 신기하게도 제대로 대답합니다. "영생의 말씀이 있는
    데 우리가 어디로 가겠습니까?"(67-68절)

11 믿으라, 거듭나라, 나를 먹고 마시라…. 예수님의 표현이
    거칠어질수록 그 마음은 더 애절해집니다. "누구든지 이
    생명의 빵을 먹으면 죽지 않는다."(58절)

12 최후의 만찬에서 예수님은 제자들과 빵과 포도주를 나
    누면서 다시 당부하십니다. "이 빵은 내 찢길 몸이고, 이
    잔은 내가 흘릴 피다." 날마다 이것을 먹고 마실 때마다
    예수님의 생명, 거듭난 생명, 영원한 생명을 기억하고 풍
    성하게 누리라는 말씀입니다.

그가 와서 죄에 대하여,
의에 대하여,
심판에 대하여
세상을 책망하시리라
(요 16:8)

01   예나 지금이나 믿음으로 사람을 죽이는 사람들이 있습
니다. 과연 어떤 믿음이기에 그토록 확신에 차서 사람들
을 박해하고 심지어 살해까지 하는 걸까요?

02   예수님께서 말씀하십니다. "너희를 죽이는 사람마다 자
신이 하는 일이 하나님을 섬기는 일이라고 여길 때가 올
것이다."(2절) 지금도 그때에 속합니다.

03   십자군 전쟁이나 유대인 대학살은 말할 것도 없고, 기독

028

보혜사 성령은
무슨 일을 합니까?

요 16:1-15

교인 정복자들이 주일 예배를 드린 뒤 식민지 원주민들
을 사냥하듯 살인을 일삼기도 했습니다.

04 그 모든 일들이 믿음의 이름으로, 하나님의 이름으로 자
행되었습니다. 그런 믿음의 소유자들이 말하는 하나님
은 도대체 어떤 하나님일까요?

05 예수님은 분명히 선을 긋습니다. "그들은 하나님도 나도
알지 못하기 때문에 그런 일을 할 것이다."(3절) 그리고

그런 일에 대비하라고 일러 주십니다.

06 어떻게 대비해야 합니까? 시시각각 죽음이 다가올 때 무슨 준비를 어떻게 해야 합니까? 이때 예수님의 도움은 오직 보혜사 성령입니다.

07 보혜사가 오시면 비로소 죄, 의, 심판에 대해 세상이 무슨 생각을 갖고 있는지가 드러나게 되고 그러면 비로소 기준이 세워질 것입니다.

08 죄인의 특징은 죄를 자각하지 못한다는 것입니다. 죄인들은 그래서 언제나 적반하장입니다. 자기가 항상 옳기 때문에 늘 목소리가 큽니다.

09 보혜사가 오시면 비로소 죄가 죄로 인식됩니다. 보혜사가 오셔야 예수님 때문에 겨우 세상에 바른 기준이 세워지게 된 사실에 눈을 뜨게 됩니다.

10 또한 세상이 심판 아래 놓여 있음을 알게 되고, 더 이상 세상이 부럽지도 두렵지도 않게 됩니다. 보혜사가 곧 진리의 영이기 때문입니다.

11 보혜사가 오시면 영적인 능력들이 나타납니다. 그러나
    더 중요한 것은 그분의 인격이 성도들을 진리의 길로 인
    도하신다는 사실입니다.

12 삼위의 하나님은 인격적이기에 예수님은 오직 하나님
    을 드러내셨고 성령님은 오직 예수님을 드러내십니다.
    삼위일체 하나님의 인격이 '서로 사랑'에 기초하고 있기
    때문입니다. 성령님은 결코 나를 드러내고자 하지 않습
    니다.

이르시되 우리가 다른 가까운 마을들로 가자
거기서도 전도하리니
내가 이를 위하여 왔노라 하시고
(막 1:38)

01 인생은 선물입니다. 그리고 인생이라는 선물의 목록에서
    가장 윗부분을 차지한 것이 시간입니다. 인생은 그 시간
    을 따라 쉼 없이 흘러갑니다.

02 영원은 무한한 시간이고, 영생은 무한한 생명입니다. 하
    나님은 생명과 시간을 창조하셨습니다. 예수님은 시간
    안으로 오신 하나님입니다.

03 예수님은 죽음을 시간의 끝으로 여기는 곳에 오셔서, 죽

029

기적이 무엇입니까?

막 1:35-45

음이 시간의 새로운 시작이라는 소식을 전하셨습니다.
죽음은 알고 나면 허상입니다.

04 예수님은 가는 곳마다 기적을 보이셨습니다. 밤이 늦도
록 병자를 고치셨습니다. 몸이 몇 개라도 모자랄 만큼
일정이 많았고 바빴습니다.

05 제자들은 예수님이 이 정도까지일 줄 몰랐다고 흥분했
습니다. 기적을 목격한 사람들의 행렬이 끝이 없었던 것

입니다. 예수님은 한마디로 떴습니다.

06 그러나 예수님은 흥분하지 않으셨습니다. 아무리 바빠도 이른 새벽 한적한 곳으로 가서 하나님을 대면하고 하나님의 뜻을 구하셨습니다.

07 제자들은 예수님이 기도하는 곳까지 와서 부산을 떱니다. "예수님! 사람들이 지금 당신을 찾고 있습니다. 이럴 때가 아니지 않습니까?"(37절)

08 예수님의 대답은 냉담합니다. "여기서 가까운 이웃 마을로 가자."(38절) 사람들이 예수님을 찾고 있다는데 예수님은 오히려 무리를 외면하고 다른 길을 재촉하십니다.

09 예수님은 사람들의 불치병까지 고쳐 주셨습니다. 그러자 병자들이 끝없이 예수님을 찾아왔습니다. 그러나 예수님이 오신 목적은 단지 치유 사역이 아닙니다.

10 "나는 복음을 전하러 왔다."(38절) 예수님의 관심은
   전도입니다. 치유와 기적은 복음 전도의 수단일 뿐
   입니다. 하나님나라 증거의 방편일 뿐입니다.

11 병은 지금 나아도 또 다른 병에 걸립니다. 나사로는 죽
   었다가 살아났지만 또 죽었습니다. 예수님의 관심은 병
   들지도, 썩거나 죽지도 않는 생명에 있습니다.

12 예수님은 복음에 집중했고, 십자가를 벗어나지 않으셨
   습니다. 기도의 자리에서 확인한 뜻을 놓치지 않으셨습
   니다. 시간 안에 들어오셨기에 뜻의 우선순위를 따라 시
   간을 사용하셨습니다. 그 뜻을 다 이루는 데 3년이면 족
   했습니다.

근심하는 자 같으나 항상 기뻐하고
가난한 자 같으나 많은 사람을 부요하게 하고
아무것도 없는 자 같으나
모든 것을 가진 자로다
(고후 6:10)

01 그리스도인이 모든 일에 감사할 수 있다면, 그것은 오직
한 가지 때문입니다. 은혜를 깨달았기 때문입니다. 은혜
는 깨닫지 않고는 받을 수 없는 감동입니다.

02 자녀들은 부모가 아무리 잘해 줘도 감사가 별로 없습니
다. 부모가 돌아가신 뒤에야, 혹은 결혼해 자녀를 낳고
키우면서 비로소 그 은혜를 깨닫고 감사하게 됩니다.

03 할 일을 하고 당연한 대가를 받는 사람도 은혜를 알 수

030

은혜가 무엇입니까?

고후 6:1-10

가 없습니다. 직장인은 월급을 받으면서 나 같은 사람한테까지 월급을 준다고 감동하지 않습니다.

04 유독 예수님을 만난 사람들만이 은혜의 삶에 젖습니다. 왜 나 같은 사람을 구원해 주셨나, 도대체 왜 나를 이렇게까지 사랑해 주시나, 눈물짓습니다.

05 은혜는 깨닫는 만큼 받습니다. 크게 깨달으면 크게 받고 작게 깨달으면 작게 받습니다. 어찌 나 같은 죄

인을…. 그래서 죄가 깊은 곳에 은혜가 깊습니다.

06 은혜는 기억하는 만큼 가슴에 차오릅니다. 내가 누구였는지를 기억하는 사람은 은혜가 강물처럼 흐릅니다. 그러나 그것을 잊어버리면 가뭄의 논바닥처럼 갈라지고 메마릅니다.

07 이 은혜는 놀랍게도 고난 면역력을 극대화합니다. 바울은 자신이 오직 이 은혜의 힘으로 환난과 궁핍과 핍박과 기아와 감옥을 다 견뎌 냈다고 증언합니다.

08 세상은 조직과 돈으로 일합니다. 교회도 세상 풍조를 따라 하나님의 일을 하기 위해 돈과 조직, 심지어 권력이 필요하다고 말합니다.

09 하지만 바울은 다릅니다. "우리는 진리의 말씀과 하나님의 능력으로 일합니다. 성령과 사랑으로, 순결과 인내로 모든 것을 겪어 냅니다."(6-7절)

10 그는 마치 은혜의 위대함을 입증하려는 듯 고난 속으로 뛰어들었습니다. 어쩌면 사람의 힘으로 할 수 없어야 하

나님의 능력인 셈이지요.

11 바울은 신앙의 역설을 웅변합니다. "우리를 보십시오!
    우리는 속이는 것 같으나 진실하고, 무명한 것 같으나
    유명하고, 죽은 것 같으나 살아 있습니다."(9절)

12 "근심하는 것 같아도 언제나 기쁩니다. 가난해 보여도
    오히려 수많은 사람을 부유하게 합니다. 아무것도 없어
    도 다 가진 사람입니다."(10절) 지난 2천 년간 이런 사람
    들의 삶과 죽음을 통해 복음이 전해졌고, 나 같은 사람
    까지 복음을 받아들이게 되었습니다.

나는 선한 싸움을 싸우고
나의 달려갈 길을 마치고
믿음을 지켰으니
(딤후 4:7)

01 누구나 죽습니다. 이미 영생을 받았고 날마다 영생을 누
리며 살지만 우리는 모두 언젠가 죽습니다. 땅에서 난
것은 땅으로 하늘에서 난 것은 하늘로 돌아갑니다. 땅에
서는 장례를 치르고 하늘에서는 환영 잔치가 열립니다.

02 그래서 하나님의 사람은 땅에서 살지만 하늘을 바라보
며 삽니다. 바울은 로마의 어두운 지하 감옥에서도 태양
보다 밝은 빛을 바라봅니다.

031

끝이 두렵지 않으려면
어떻게 살아야 합니까?

딤후 4:1-8

03 그는 비록 석방의 기약 없이 죽음 앞에 서 있지만, 한시
도 믿음과 소망과 사랑을 잃은 적이 없습니다. 감옥 안
에 있지만 오히려 감옥 바깥의 세상을 위해 기도합니다.

04 어떻게 그럴 수가 있을까요? 눈앞에 면류관이 놓여 있기
때문이고, 예수님이 그 면류관을 내게 씌워 주는 모습이
눈에 선하기 때문입니다.

05 그 모습을 생각할 때마다 바울의 입가에는 웃음이 번집

니다. 그는 스스로 이렇게 속삭입니다. "바울아! 너는 선한 싸움을 싸웠고 이제 경주를 마쳤고 끝까지 믿음을 지켰다. 참으로 대견하구나!"

06 바울은 때가 이르렀음을 압니다. "나는 이제 제물로 드려졌다. 세상을 떠나야 할 때가 되었다."(6절) 그가 믿음의 경주를 계속해야 할 디모데에게 이 순간 들려주고 싶은 말입니다. "나는 선한 싸움을 싸웠고 경주를 마쳤고 믿음을 지켰다."(7절)

07 우리 모두에게도 얘기합니다. 우리의 싸움은 선한 싸움입니다. 말씀대로 살아가기 위해 하는 싸움입니다. 혈과 육의 싸움이 아니라 악한 영들과의 싸움입니다. 악을 악으로 갚는 싸움이 아니라 선으로 악을 이기는 싸움입니다.

08 우리의 경주는 말씀을 전파하는 경주입니다. 때를 얻든지 못 얻든지 말씀대로 살면서 말씀이 전해지도록 끝까지 포기하지 않고 완주하는 경주입니다.

09 우리의 믿음은 하나님 앞에 설 때까지 지켜야 합니다. 그 믿음으로 오래 참고 가르치며 때로는 책망하고 경계

하고 권면해야 합니다. 믿음은 오직 믿음에서 믿음으로
만 완주합니다.

10 믿음의 선배라면 당연히 바울의 고백처럼 그렇게 살아
야 하지만, 많은 선생들이 말씀으로 바르게 교훈하기보
다 오히려 사람의 욕심을 따라 귀를 즐겁게 할 것이라고
귀띔합니다(3절). 세상도 십자가의 복음보다 거짓과 탐
욕의 복음을 갈망합니다.

11 예수님은 믿음의 여정에 오른 우리 모두에게 좁은
길을 택하라고 말씀하십니다. 많은 사람들이 넓고
편한 길을 택하겠지만 그 길은 멸망의 길이라고 알
려 주십니다(마 7:13). 좁은 길을 끝까지 갈 수 있는 것
은 그 길의 끝에서 반드시 면류관을 받는다는 믿음
때문입니다.

12 시험공부를 게을리 하면 시험관이 두렵고, 죄를 짓고 나
면 재판관이 두렵습니다. 그러나 죽음을 앞둔 일생의 결
산이 바울 선생과 같다면 오히려 마지막 순간에 가슴이
벅찹니다. 그래서 구원 받은 삶은 결코 내 생애의 끝도,
이 세상의 끝도 두려워하지 않습니다.

죄가 깊은 곳에
은혜가 깊습니다

왜냐고,
물어도 될까요?

사무엘이 이르되
여호와께서 번제와 다른 제사를
그의 목소리를 청종하는 것을
좋아하심 같이 좋아하시겠나이까
순종이 제사보다 낫고
듣는 것이 숫양의 기름보다 나으니
(삼상 15:22)

01 많은 것을 이루고도 허망한 인생이 있고, 남 보기에 특별한 업적이 없어도 속이 찬 인생이 있습니다. 사울은 전자입니다. 전쟁에서 승리했으나 인생에 실패했습니다.

02 오늘도 수많은 사람들이 사울의 길을 갑니다. 성공을 향해 질주하지만 어느 순간 빈손임을 발견합니다. 그러나 이미 돌이킬 수 없는 곳을 지나왔습니다.

03 지나고 보니 그제야 우선순위가 바뀌었음을 깨닫습니다.

001

인생이 꼬이는
이유가 무엇입니까?

삼상 15:1-23

지금까지 중요하다고 생각한 것들이 사실 하찮은 것들임을 알게 됩니다. 모든 것이 뒤바뀌었습니다.

04 사울에게 아말렉을 정복하라는 명령이 떨어집니다. 이 전쟁은 승리가 아니라 진멸하기 위한 것입니다. 사람이 보기에는 가장 잔인한 전쟁입니다.

05 하나님의 뜻대로라면 아무것도 남겨 두어서는 안 됩니다. 전쟁은 모든 것을 철저히 파괴하는 것에 무게를 두

어서는 안 됩니다. 모든 것을 하나님께 돌려 드린다는 완전한 봉헌이 목적이 되어야 합니다.

06 사울은 또 빗나갑니다. 적장 아각을 살려 두었고 전리품 가운데 가장 좋은 것들은 남겨 두고 보잘것없고 하찮은 것들만 없애 버렸습니다. 나 보기에 좋은 대로입니다.

07 하나님이 탄식하십니다. "내가 사울을 왕 삼은 것을 후회한다."(11절) 사무엘은 가슴이 미어집니다. 밤새 부르짖습니다. 그러고는 아침 일찍 마음을 굳게 먹고 사울에게 갑니다.

08 사무엘은 묻습니다. "짐승들의 울음소리가 어쩐 일이오?" 그러자 사울이 답합니다. "제사 드릴 최고의 양과 소들입니다. 나머지는 다 죽였습니다." 사무엘이 다시 묻습니다. "왜 하나님 말씀에 순종하지 않았소?" 사울이 말합니다. "제사는 드려야지요."(14-15절)

09 사무엘이 참 믿음의 영원한 기준을 밝힙니다. "믿음의 본질은 제사가 아니라 순종이오."(22절) 믿음은 예배와 불가분입니다. 그러나 태도가 불손한 예배란 없습니다.

10 하나님을 믿지 않으면서 예배드릴 수는 없습니다. 하나님의 뜻을 분간하지 못하는 신앙이란 있을 수 없습니다. 어떤 제사나 제물보다도 하나님을 아는 것이 먼저입니다.

11 "나를 알라! 나를 힘써 알라!" 하나님이 신신당부하십니다. "나를 모르면 기도도 기도가 아니고, 예배도 예배가 아니다. 내가 듣고 받지 않는 기도와 예배가 무슨 소용인가?"

12 죽을힘을 다해 열심히 달렸는데 목적지가 틀렸다면 얼마나 허망합니까? 나의 전부를 드렸는데 하나님께서 안 받으셨다면 얼마나 억울합니까? 사울은 전쟁에 이기고도 인생에서 졌습니다. 예수님은 인생에서 승리하는 길, 죽어도 영원히 사는 길로 우리를 부르십니다.

그 시체가 이스르엘 토지에서
거름같이 밭에 있으리니
이것이 이세벨이라고 가리켜 말하지
못하게 되리라 하셨느니라 하였더라
(왕하 9:37)

01 세 사람의 죽음에 관한 얘기가 나옵니다. 북이스라엘의
왕 요람과 남유다의 왕 아하시야, 그리고 아합의 아내
이세벨의 죽음입니다.

02 이들 한 사람 한 사람의 죽음이 다 뉴스 헤드라인감입니
다. 쿠데타의 주역은 유능한 장군 예후입니다. 요람은 신
병 치료 차 이스르엘에 있습니다.

03 그는 일선 사령관의 급거 귀환 소식을 듣고 직접 마중을

002

왜 고난받아야 합니까?

왕하 9:17-37

나갔다가 예후가 쏜 화살에 맞아 목숨을 잃습니다. 꿈에
도 생각 못한 일입니다.

04 요람이 죽은 곳은 나봇의 포도원입니다. 아버지 아합이
욕심을 냈고 어머니 이세벨이 나봇을 죽이고 빼앗았던
바로 그 포도원 땅입니다.

05 아하시야는 인척이 된 요람을 위문하러 왔다가 변을 당
합니다. 예후는 부상을 당한 아하시야를 끝까지 쫓아가

서 살해합니다.

06 이세벨은 얼굴에 화장을 하고 꼿꼿하게 죽음을 맞겠다고 결심했지만 측근 내시들이 그녀를 창밖으로 내던져 고꾸라져 죽습니다. 예후가 시체를 짓밟습니다.

07 예후가 뒤늦게 제대로 묻어 주라고 명령했지만, 이미 시신은 끔찍하게 훼손된 뒤였습니다. 나봇 사건 때 엘리야가 예언한 대로입니다.

08 두 왕과 한 왕후의 일생은 모든 사람들의 꿈입니다. 사람이 태어나서 한번 살다 간다면 저 정도 대접은 받고 싶은 그런 삶이었습니다.

09 특히 이세벨은 손발에 흙 한 번 묻힐 일이 없는 인생이었습니다. 아버지, 남편, 세 아들이 모두 왕입니다. 딸도 16년 동안 왕 노릇합니다.

10 태어날 때부터 모든 사람의 축복을 받았을 것입니다. 일생 누구도 그의 뜻을 거스르지 못했습니다. 그런데 이세벨은 성경의 인물 중 가장 악한 여인으로 기록되었습니다.

11 고난 없는 삶이 가져온 끝입니다. 내 마음대로 살았던 삶의 결과입니다. 은수저, 금그릇, 보석 치장 끝에 맞은 가장 처참한 모습입니다.

12 어디건 햇볕만 내리쬐면 끝내 사막입니다. 비바람 몰아치는 폭풍의 아침과 태풍의 낮이 그래서 축복입니다. 국화꽃 한 송이에는 비바람과 무서리의 흔적이 있고, 아름답다 칭송받는 인생에도 반드시 숱한 고난의 흔적이 있습니다.

왕이 될 때에 여로보암의 온 집을 쳐서
생명 있는 자를 한 사람도 남기지 아니하고
다 멸하였는데 여호와께서 그의 종
실로 사람 아히야를 통하여
하신 말씀과 같이 되었으니

(왕상 15:29)

---

01 남유다가 아사 왕 치하에서 비교적 안정을 누리는 동안 북이스라엘에서는 정변이 일어났습니다. 그런 탓에 여로보암의 아들 나답이 2년 만에 죽었습니다.

02 아버지의 악한 길을 따랐던 나답은 전쟁 중에 일어난 반란에 희생되었습니다. 블레셋에 빼앗긴 성 깁브돈을 포위하고 있을 때 쿠데타를 맞은 것입니다.

03 쿠데타를 일으킨 주역 바아사가 어떤 인물인지, 왜 반역

003

왜 나쁜 일은 끝이 없을까요?

왕상 15:25-34

했는지 성경에는 자세한 기록이 없습니다. 그러나 정변의 동기는 많지 않습니다.

04 여로보암 왕의 통치 아래에서 백성의 불만이 갈수록 팽배했을 것이고, 새로 옹립된 나답의 측근들은 충성심이 아직 약했을 것입니다.

05 왕권이 아직 든든하지 않은 때에 전쟁은 지극히 위험한 도박과도 같습니다. 내부의 결속이 약할 때 큰일을 자초

하는 것은 불을 지고 섶으로 뛰어드는 것과 같습니다.

06 그래서 언제나 나를 먼저 점검할 일입니다. 밖의 형편과
    처지가 어떠하건 나부터 돌아볼 일이고, 먼저 하나님을
    바라볼 일입니다.

07 잠잠히 하나님을 바라보는 동안 거친 풍랑에 대한 두려
    움이 사라집니다. 하나님의 뜻을 확인하게 됩니다. 그러
    면 고난 가운데 뛰어드는 것이 어렵지 않습니다.

08 바아사가 새로 왕이 된 후 처음 시작한 일은 대대적인
    숙청입니다. 정통성이 결여된 정권이 예외 없이 걸을 수
    밖에 없는 권력의 길입니다.

09 그는 여로보암 집안의 사람을 모두 죽입니다. 여로보암
    집안에 "숨 쉬는 사람은 하나도 남김없이 다 죽였습니
    다."(29절) 피비린내 나는 참극입니다.

10 그게 권력입니다. 인간이 왕이신 하나님을 떠나 스스로 왕이 되고자 할 때 피할 수 없는 길입니다. 세상의 권력은 누군가가 누군가를 죽여야 획득됩니다.

11 하나님은 악을 만들지 않으셨습니다. 하나님은 그 악을 선택하지 않으십니다. 그러나 하나님은 악이 악을 제거할 때 그 악을 보호하지 않으십니다.

12 악의 고리는 악순환입니다. 죄인들의 일상은 악순환됩니다. 그러나 하나님은 그 악순환의 고리를 끊고자 하십니다. 그래서 선으로 악을 갚으십니다. 왜 십자가입니까? 그 길 외에 악순환의 고리를 끊는 길은 어디에도 없습니다.

내 이름을 경외하는 너희에게는
공의로운 해가 떠올라서
치료하는 광선을 비추리니
너희가 나가서 외양간에서 나온
송아지같이 뛰리라
(말 4:2)

01 말라기에는 하나님을 향한 당돌한 질문들이 쏟아져 나
옵니다. "저를 정말 사랑하십니까?" "제가 언제 하나님을
괴롭히고 멸시했습니까?" "제가 뭘 잘못하고 주님을 대
적했습니까?"

02 사람들이 따지고 드는 것은 은연중에 내가 옳다는 주장
이나 다름없습니다. 상대에게 설명을 요구하는 얼굴에
는 흔히 노기가 서려 있습니다.

004

따지고 들면
고난이 없어집니까?

말 4:1-6

---

03 하나님을 향해서도 우리는 때로 답답한 나머지 목청을 높이고 따집니다. "제가 도대체 이런 상황을 겪어야 할 이유나 알고 당합시다!"

04 그러나 지성은 질문하고 논쟁하면서 자라지만, 믿음은 오히려 침묵하고 순종하면서 자랍니다. 하나님은 답하기보다 함께 아파하십니다.

05 그럼에도 우리는 어려움이 가중될수록 꼬리를 물고 의

문을 갖습니다. '대체 하나님을 믿는 게 무슨 득이 되는
가?' 교활한 사람들이 설쳐 댈수록 힘듭니다.

06 이때 하나님은 단호하게 말씀하십니다. "마지막 날은 반
드시 온다. 모든 교만한 자들과 악인들은 마치 지푸라기
처럼 타 버릴 것이다."(1절)

07 그래도 위로를 받지 못하는 사람들을 향해 말씀하십니
다. "믿음의 사람들은 빛 가운데 회복될 것이다. 그리고
기쁨을 잃지 않을 것이다."(2절)

08 하나님은 상황을 호전시키는 일보다 우리의 마음을
먼저 바꿔 놓습니다. 고난을 없애 주는 것보다 고난
을 이길 힘을 먼저 주십니다.

09 사실 둘러보면 달라진 것이 없습니다. 따져 보면 상황은
더 나빠졌을 수도 있습니다. 앞을 내다보면 쉽사리 호전
될 기미가 없습니다.

10 그런데도 무거웠던 마음이 한결 가볍습니다. 어두웠던 얼굴에서 빛이 나기 시작합니다. 의로운 태양이 내면의 지평선에서 떠오릅니다.

11 "내가 세상 끝 날까지 너와 함께할 것이다."(마 28:20) 약속을 다시 붙듭니다. 가슴에 감사가 솟아오르고 두 눈에는 기쁨의 눈물이 흐릅니다.

12 "내 마음이 확정되고 확정되었습니다. 내가 노래하고 찬송하겠습니다."(시 57:7) 찬양이 울려 퍼지는 사이 어느새 어둠의 터널을 벗어납니다. 인생, 그리 길지 않습니다. 고난은 그보다 짧습니다. 돌이키면 그 고난, 잠깐입니다.

한 사람이 백성을 위하여 죽어서
온 민족이 망하지 않게 되는 것이
너희에게 유익한 줄을
생각하지 아니하는도다 하였으니

(요 11:50)

01 나사로 사건은 불에 기름을 부은 격이었습니다. 마침내
    대제사장들과 바리새인들이 공회를 소집해서 공식적으
    로 예수님의 표적들을 논의합니다.

02 산헤드린 공회의 의장은 대제사장입니다. 공회는 70명
    으로 구성된 유대인들의 최고 사법 기관입니다. 의제는
    '자칭 메시아 소요 사태'입니다.

03 대제사장 가야바가 당연직 의장이며, 그는 전임 대제사

005

하나님은
왜 악인을 쓰십니까?

요 11:47-57

장 안나스의 사위입니다. 그들은 그동안 줄곧 예수님의 행적을 추적해 왔습니다.

04 예수님의 표적을 대체 어떻게 해석하고 대처할 것인가, 논의가 시작됩니다. 그러나 말이 논의이지 모든 회의가 그렇듯 이미 방향이 정해진 자리였습니다.

05 말을 시작하는 사람, 비난하는 사람, 정해진 결론에 이르게 하기 위해 운을 떼는 사람, 사전에 조율된 각본을 따

라 정연한 논리로 결론을 내는 사람 순입니다.

06 "메시아 소란은 결국 로마 집권층을 자극해 우리 민족 전체를 직접 통치하려는 빌미를 주게 될 것이오."(48절) 십자가 처형을 위한 포석의 일환입니다.

07 로마를 자극하면 이 공회 자체가 위태롭고 나라가 위험해진다는 논리입니다. 그러니 메시아로 인한 국민적 소동은 그만 끝내야 한다는 주장입니다.

08 "한 사람이 죽어 백성을 살리고 나라를 안정시켜야 되지 않겠습니까? 한 사람의 죽음이 민족 전체의 유익이라면 당연한 희생 아니겠습니까?"(50절)

09 가야바의 결론입니다. 사도 요한은 가야바의 말이 스스로 한 말이 아니라고 기록합니다. 십자가의 죽음에 대한 놀라운 예언을 한 셈입니다.

10 가야바는 결코 선한 동기, 선한 목적으로 한 말이 아닙니다. 그러나 인간의 악한 동기 속에도 하나님의 선한 목적이 스며들 수 있습니다.

11 '하나님이 왜 악을 허락하시는가?' 이 땅의 영원한 질문입니다. '하나님이 믿음의 자녀들에게 왜 고난을 주시는가?' 성도들의 계속된 질문입니다.

12 바울이 깨닫습니다. "모든 것이 합력해서 결국 선을 이루게 될 것입니다."(롬 8:28) 십자가는 인간의 악한 동기의 클라이맥스이지만, 그 악의 도구조차 하나님의 선하심을 이루어 가는 방편일 뿐입니다. 믿음은 언제나 그 선하심을 바라봅니다.

예수께서 이르시되
일어나 네 자리를 들고
걸어가라 하시니
(요 5:8)

01 베데스다 연못에서 일어난 사건입니다. 베데스다는 '자비의 집'이라는 뜻입니다. 그야말로 이곳은 자비를 기다리는 환자로 가득한 곳입니다.

02 못 주위의 다섯 행각에는 눈먼 사람, 다리 저는 사람, 중풍 환자 등으로 넘쳤습니다. 그들의 희망은 물이 움직이는 것입니다.

03 '물이 움직이기 시작할 때 제일 먼저 들어가는 사람은

006

왜 내게 물으십니까?

요 5:1-9

무슨 병이건 낫는다.' 이것이 베데스다 연못가에 있는 모든 환자와 장애인들의 믿음입니다(4절).

04 세상은 어떻습니까? '가장 높이 오르는 사람이 무조건 성공한다.' '가장 많이 소유한 사람이 결국 행복하다.' 그런 믿음으로 살지 않습니까?

05 예수님이 한 병자를 주목하십니다. 38년 동안 병에 짓눌려 앓아누워 있는 사람입니다. 아마 그의 얼굴엔 절망의

그늘이 짙게 드리워져 있었을 것입니다.

06 예수님은 뜻밖에도 뻔한 질문을 하십니다. "네 병이 낫기를 원하느냐?"(6절) 병 낫기를 원하지 않는다면 뭐 하러 거기에 있겠습니까?

07 그런데 놀랍게도 이 질문은 환자의 가슴을 계속해서 치고 있습니다. "네가 결단코 일어나리라 하는 의지가 있느냐?" "네가 진실로 일어날 수 있다는 믿음이 있느냐?"

08 그는 아마 짧은 시간이지만 다시 자문했을 것입니다. '내가 지금까지 뭘 한 건가? 내 안에 진실로, 진정으로 일어서겠다는 의지가 있는가?'

09 그는 머뭇거리며 답합니다. "물이 움직일 때 아무도 나를 도와주는 사람이 없습니다. 다른 사람들이 언제나 나보다 먼저 저기에 뛰어들었거든요."(7절)

10 그러자 예수님은 그의 진정한 갈망을 세 마디 명령으로 확인해 주십니다. "일어나라, 자리를 들어라, 걸어가라."(8절) 이것은 믿음의 초점을 옮겨 놓는 명령이었습니다.

11 38년간 이 환자가 바라본 곳은 오직 연못과 물의 움직임, 남의 도움입니다. 이건 미신입니다. 빗나간 가치관, 인생관, 세계관입니다.

12 내가 진실로 뭘 원합니까? 돈 벌고 성공해서 뭘 하겠다는 것입니까? 세상이 원하는 것이 아니라 내가 원하는 것이 무엇입니까? 그게 분명하면 장애는 더 이상 장애가 아닙니다. 일어나 장애를 들고 걷기 시작합니다.

예수께서 그들의 믿음을 보시고
중풍병자에게 이르시되
작은 자야
네 죄 사함을 받았느니라 하시니
(막 2:5)

---

01 상식은 이성적입니다. 상식은 무례하지 않습니다. 그러
나 믿음은 때로 이성을 넘어서고 예의를 벗어납니다. 믿
음은 초상식적이기 때문입니다.

02 중풍 들린 사람의 친구 넷이 예수님을 찾습니다. 이미
사람이 꽉 들어차 집 안으로 들어갈 수가 없습니다. 예
수님은 지금 말씀을 전하십니다.

03 중풍 환자의 친구들은 예수님이 계신 곳 위로 올라갑니

007

왜 죄 용서가 먼저입니까?

막 2:1-12

다. 지붕을 뜯고 환자가 누워 있는 들것을 예수님의 머리 위로 내립니다. 생각 밖의 소동입니다. 설교는 당연히 중단됩니다.

04 그러나 예수님은 당황하거나 나무라지 않습니다. 장애물을 뚫는 믿음, 친구를 위해 물불을 가리지 않는 믿음을 보실 뿐입니다.

05 나를 위한 억지나 무례함이 아닙니다. 친구를 위해 체면

과 자존심을 버린 무모함입니다. 상식과 예절을 벗어나
긴 했지만 창의적입니다.

06 예수님은 이 믿음에 반응하십니다. "애야, 네 죄가 용서
받았다."(5절) 이해할 수 없는 사람들의 행동에 이해할
수 없는 말씀을 하십니다.

07 "네 병이 나았다"고 해야 맞을 것 같은데 예수님은 먼저
죄를 용서하십니다. 모든 병이 그런 건 아니지만 이 사
람은 죄가 덫입니다.

08 숱한 병과 어려움이 죄에 붙들린 것입니다. 특히 심약한
사람은 일생 죄책감에 시달립니다. 죄에 짓눌려 영혼과
몸의 병이 깊어집니다.

09 구원은 이 덫에서 풀려나는 일입니다. 구원은 죄의 자각과 용서에서 시작합니다. 내가 죄인임을 절감하지 않는 사람에게 구원은 관념일 뿐입니다.

10 내가 나를 용서하면 그만이라는 사람, 나 정도는 죄도 아니라는 사람, 타인을 비난하는 일로 내 죄를 가리는 사람은 예수님을 찾지 않습니다.

11 예수님은 죄를 용서하실 수 있는 분입니다. 인간은 영겁을 수양해도 자기 죄를 용서할 수 없는 존재입니다. 인간은 스스로 구원하지 못합니다.

12 "일어나 집으로 가라." 구원이 임하면 자리를 털고 일어날 수 있습니다. 절망의 자리, 질병의 자리, 죽음의 자리를 떨치고 일어날 수 있습니다. 이제 하나님의 집을 향해 갈 수 있습니다. 이제 영원을 향해 걸을 수 있습니다.

정말 사랑하면
계산하지 않습니다.
사랑은 다 주고도
모자란다는 마음입니다.

이 마음이 예배입니다.

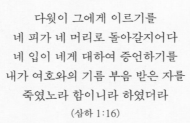

다윗이 그에게 이르기를
네 피가 네 머리로 돌아갈지어다
네 입이 네게 대하여 증언하기를
내가 여호와의 기름 부음 받은 자를
죽였노라 함이니라 하였더라

(삼하 1:16)

01 사울 왕이 죽었다는 소식이 다윗에게 전해졌습니다. 얼
  마나 다윗을 힘들게 한 왕입니까? 다윗 입장에서는 얼마
  나 홀가분한 소식입니까?

02 이 소식을 전해 준 사람은 아말렉 청년입니다. 그는 사
  울 왕의 왕관과 팔찌를 증거물로 내놓았고, 다윗의 환심
  을 얻을 것으로 기대했습니다.

03 이 청년이 사울 왕과 그의 아들 요나단의 죽음을 목격한

008

열심이 특심인데도
왜 열매가 없습니까?

삼하 1:1-16

것은 사실이고, 사울 왕의 왕관과 팔찌를 벗겨서 먼 길을 온 것도 사실입니다.

04 그러나 이 청년은 한 발 더 나간 것이 화근이었습니다. 사울 왕이 전상을 입어 고통스러워할 때 자신이 숨을 끊어 주었다고 속인 것입니다.

05 그는 사울 왕이 고통 속에서 죽어 가는 것을 보았을 것이고, 스스로 칼에 엎드러져 죽는 것을 확인했을 것입니

다. 그대로 전했으면 그만입니다.

06 "내가 그에게 칼을 댔다"(10절)고 부풀려 말했다가 오히려 청년은 목숨을 잃고 말았습니다. 참으로 억울한 일입니다. 그러나 자초한 일입니다.

07 청년이 죽음을 맞은 이유는 무엇입니까? 첫째는 스스로 지어낸 거짓말 때문이고, 둘째는 다윗이 어떤 사람인지 몰랐기 때문입니다.

08 그는 다윗과 사울이 천적 관계라고만 알았습니다. 그는 다윗이 사울 왕을 왜 두 번씩이나 결정적인 순간에 살려주고 끝내 그를 피했는지 몰랐습니다.

09 다윗은 여호와께서 기름 부으신 자에게는 손대지 않는다는 원칙을 지킨 사람입니다. 그는 사울보다 언제나 하나님을 더 두려워했습니다.

10 아말렉 청년은 다윗으로부터 받을 상을 기대하며 전장에서 시글락까지 참으로 먼 길을 달려왔습니다. 그러나 한순간에 그 모든 것이 허사가 되었습니다.

11 남의 불행을 이용해 보겠다는 생각에서 그의 인생은 빗나가기 시작했습니다. 그리고 내가 만날 사람이 어떤 사람인지를 정확히 몰라 더 크게 빗나갔습니다.

12 시험을 치를 때는 문제의 의도를 알아야 하고, 입사하면 회사나 부서가 추구하는 것이 무엇인지를 알아야 합니다. 이것을 모르면 아무리 열심을 내도 헛수고입니다. 하나님을 모른 채 열심인 것은 그와 비교할 수 없이 위험한 일입니다. 바리새인들은 하나님을 모른 채 열심을 내다가 예수님을 못 박았습니다.

어떤 사람들이 화를 내어
서로 말하되
어찌하여 이 향유를 허비하는가
(막 14:4)

01 베다니에서 마리아가 향유 옥합을 깨뜨린 것을 보고 사
람들이 수군댑니다. 마리아는 유명한 사람도, 돈 많은 여
인도 아닙니다.

02 "어떻게 저럴 수가 있나?" 같은 것을 보아도 느끼는 것은
전혀 다를 수 있습니다. 마리아는 계산하지 않고 가장
소중한 것을 예수님께 드렸습니다.

03 예수님의 제자들은 흥분하며 화를 냈습니다. "왜 저 비

009

왜 기쁘지 않습니까?

막 14:1-11

싼 향유를 낭비하나? 300데나리온은 족히 나갈 텐데…
저걸 팔아 차라리 가난한 사람을 돕지."(4-5절)

04   요한복음은 이렇게 화를 낸 사람이 가룟 유다라고 밝힙
니다(요 12:4-5). 유다가 화를 낸 이유는 그가 정말 가난한
사람들을 사랑했기 때문이 아닙니다.

05   그는 예수님 일행의 재정을 맡으면서 수시로 돈에 손을
댔습니다. 그는 돈에 욕심이 많았고 늘 돈 계산이 앞섰

습니다.

06 우리는 무엇에 화를 내며 삽니까? 분노는 마음의 일입니다. 사람 마음을 가장 잘 드러내는 것 중의 하나가 바로 분노입니다.

07 사회 정의를 부르짖는 사람들의 얼굴에는 분노가 서려 있습니다. 명분도 옳고 주장도 옳습니다. 그러나 그 분노에 담긴 속내는 다릅니다.

08 예수님은 마리아의 마음을 받으시고 그 의미를 알려 주십니다. "참으로 아름다운 일이다. 내 몸에 향유를 부어 내 장례를 준비한 것이다."(8절)

09 "온 세상 어디든지 복음이 전해지는 곳마다 이 일도 전해져서 사람들이 이 여인을 기억하게 될 것이다."(9절) 말씀대로 우리는 마리아를 기억하고 그를 칭송합니다.

10 비싼 향유 때문입니까? 아닙니다. 예수님을 사랑한 마음 때문입니다. 예수님을 전심으로 사랑하면 어떻게 되는지를 보여 주었기 때문입니다.

11 정말 사랑하면 계산하지 않습니다. 사랑은 다 주고
도 모자란다는 마음입니다. 이 마음이 예배입니다.
진정한 예배는 전심을 드립니다.

12 요즘 예배를 드려도 기쁨이 없습니까? 내가 주님께 드린
것이 없기 때문입니다. 내가 깨뜨린 향유 옥합이 없는데
무슨 향기가 있고 무슨 기쁨이 있겠습니까? 무엇이건 받
는 기쁨은 잠시이고, 내가 전심으로 드린 기쁨은 영원합
니다.

솔로몬의 나이가 많을 때에
그의 여인들이 그의 마음을 돌려
다른 신들을 따르게 하였으므로
왕의 마음이 그의 아버지 다윗의 마음과
같지 아니하여 그의 하나님 여호와 앞에
온전하지 못하였으니

(왕상 11:4)

01 성경에는 슬픈 이야기가 많습니다. 위대한 신앙인의 타
    락도 가감 없이 기록되어 있습니다. 인간의 본성은 이렇
    듯 한순간에 믿음의 사람들을 넘어뜨립니다.

02 솔로몬의 지혜와 국가 경영을 입에 침이 마르도록 칭찬
    했지만, 성경 기자는 그의 신앙이 어떻게 병들게 되었는
    지를 분명하게 일러 줍니다.

03 그에게는 후궁이 700명, 첩이 300명이나 있었습니다. 아

010

어떻게 사람이 변합니까?

왕상 11:1-25

무리 정략결혼이었다 하더라도 이 숫자는 생각만 해도 머리가 아플 지경 아닙니까?

04 솔로몬은 왕비의 궁을 건축했을 뿐 아니라 이 많은 여인들의 거처를 마련해야 했습니다. 궁중비사를 들여다보면 얼마나 복잡한 일이 많을까요?

05 그들은 결국 나이 든 솔로몬의 마음을 그들의 신들에게 돌려놓았습니다. 그들은 모압 여인, 암몬 여인, 에돔과

시돈, 헷 출신의 여인들입니다.

06 솔로몬이 젊을 때는 비교적 잠잠했겠지요. 문제는 누구나 늙는다는 것이고, 늙으면 지혜와 분별력이 예전 같지 않다는 것입니다.

07 예루살렘 맞은편 감람산에 이방 신전이 들어섭니다. 아스다롯과 밀곰, 그모스와 몰록을 위한 산당들이 즐비하게 들어서기 시작합니다.

08 어떻게 그럴 수가 있습니까? 도대체 하나님의 성전을 지은 솔로몬이 어떻게 이방 신전을 허락할 수 있습니까? 그런데 그게 흔하디흔한 일입니다.

09 신앙의 여정이 언제나 처음 같으면 얼마나 좋겠습니까? 그러나 정말 쉽지 않습니다. 영적인 여행에서 시작이 반이라면 끝은 전부와 같습니다.

10 널리 알려진 종교계의 인물들이 말년에 넘어진 얘기를 듣습니다. 비난할 일이 아니라 진리의 길을 걷는 이들을 위해 켜진 경고의 등으로 알 일입니다.

11 하나님은 슬픈 눈빛으로 인생 막대기를 드십니다. 에돔의 하닷 왕자가 이집트에서 귀국해 나라를 일으키고, 시리아의 르손이 솔로몬을 대적하기 시작합니다.

12 사사기는 어두운 결말을 알려 줍니다. 사사 제도를 대체한 왕정은 다를까요? 왕조를 대신한 공화정은 어떻습니까? 인간이 하나님을 떠나서 걷는 길은 하나같이 우상 숭배의 길입니다. 왜 예수님입니까? 그분이 머리 되지 않으면 진정한 연합과 통합이 불가능한 까닭입니다.

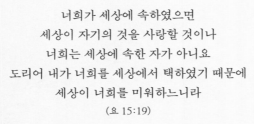

너희가 세상에 속하였으면
세상이 자기의 것을 사랑할 것이나
너희는 세상에 속한 자가 아니요
도리어 내가 너희를 세상에서 택하였기 때문에
세상이 너희를 미워하느니라
(요 15:19)

01 초기 그리스도인은 양쪽에서 박해를 받았습니다. 유대
    인들로부터는 이단으로 내몰렸고 로마인들로부터는 위
    험 인물로 낙인 찍혔습니다.

02 심지어 유대인들이 흩어져 있는 곳마다 그들은 동족인
    그리스도인들을 로마 정부에 고소하고 집요하게 핍박했
    습니다. 결국 대환란을 만납니다.

03 신약성경 곳곳에 그 모습이 드러납니다. 바울은 아시아

011

왜 세상으로부터
핍박받습니까?

요 15:18-27

지역 어디든 가는 곳마다 먼저 회당에서 복음을 전했지만 늘 사정이 여의치 않았습니다.

04 복음을 전한다고 세상이 달가워하지 않는 것은 이상한 일도 아니고 새삼스러운 일도 아닙니다. 예수님께서 그 이유를 밝히 알려 주십니다.

05 "너희가 세상에 속하지 않은 탓이다."(19절) 팔은 안으로 굽습니다. 게는 가재 편입니다. 세상 어디를 가나 유유상

종입니다. 내 편 네 편 가릅니다.

06 겉이 아무리 고상해 보여도 속은 다 이해관계를 부산하게 따지고 계산합니다. 신앙은 본질적으로 진리와 거짓을 확연히 구분하게 됩니다.

07 사도 요한은 한마디로 어둠이 빛을 거부하는 것으로 규정합니다. 맞습니다. 어둠은 빛을 환영하지 않습니다. 도리어 빛을 피해 달아납니다.

08 어둠은 어둠 편이고 어둠만 사랑합니다. 그래서 빛이 오면 반사적으로 싫어합니다. 세상은 처음부터 끝까지 진리가 부담스럽습니다.

09 예수님께서 다시 알려 주십니다. "내가 너희를 택했으므로 세상이 너희를 미워할 것이다."(19절) 이 말씀은 위로가 되면서, 한편으로는 묵상하게 됩니다.

10 "내가 정말 빛과 소금이어서 세상에 부담을 주는 사람인 가?" "교회가 한 알의 밀알로 땅에 떨어져 썩고 있기 때 문에 세상이 싫어하는가?"

11 세상이 교회를 비판하고 그리스도인을 비난하는 이 유를 다시 짚어 보아야 합니다. 정말 예수님 말씀대 로라면 비난도 핍박도 감사할 일입니다.

12 복음의 사람들은 언제나 유대인들과 이방인들 사이의 좁은 길을 걸었습니다. 결코 대로를 걷다가 봉변을 당한 것이 아닙니다. 마찬가지입니다. 신앙인은 지금도 종교 인들과 불신자들 사이를 걷습니다. 여전히 순교의 피를 흘리고 있습니다.

예수께서 이르시되
너희는 아래에서 났고
나는 위에서 났으며
너희는 이 세상에 속하였고
나는 이 세상에 속하지 아니하였느니라
(요 8:23)

01 사람들끼리 얘기를 나눴다고 해서 모두 대화라고 할 수
    없습니다. 서로 이해하지 못하는 사람들 간의 대화는 마
    주 앉아 얘기해도 독백과 다를 바 없습니다.

02 반면에 서로 깊이 이해하고 사랑하는 사람과는 말없이
    앉아 있어도 대화 이상의 공감을 경험합니다. 대화보다
    중요한 것은 열린 마음입니다.

03 열린 마음은 온 세상을 품을 수도 있지만, 닫힌 마음은

012

왜 세상이 낯설게 느껴질까요?

요 8:21-30

바늘 끝조차 들어갈 틈이 없습니다. 대체 닫힌 마음속에는 뭐가 있습니까?

04. 자아로 가득합니다. 나밖에 없습니다. 내 경험과 내 생각, 내 기준으로 가득합니다. 가시나무새 같습니다. 못이 가득한 못 자루 같습니다.

05 예수님은 기적을 보여 주셨습니다. 또 같은 말씀을 계속해서 하셨습니다. 당신이 누구인지를 알아듣고도 남을

만큼 이런 저런 비유로 말씀하셨습니다.

06 하지만 마음이 닫힌 사람들에겐 그런 기적도 말씀도 비
유도 소용이 없습니다. 오히려 어떻게 책잡을 것인가, 어
떻게 죽일 것인가만 궁리합니다. 보이는 건 내게 떨어질
이익밖에 없습니다.

07 이유는 한 가지입니다. 그들은 아래에서 왔고, 예수님은
위에서 왔기 때문입니다. 그들은 세상에 속했고 예수님
은 세상에 속하지 않았기 때문입니다.

08 인간은 결국 어딘가에 속한 존재입니다. 어딘가에 소속
되지 않으면 불안해서 못 견딥니다. 그래서 분명히 속할
때까지 계속 방황합니다.

09 예수님을 만났어도 그분을 따르는 일은 그래서 쉽지
않습니다. 소속이 바뀌는 것은 물론, 소속이 다른 사
람들 틈에서 살기로 결단하는 것이기 때문입니다.

10 그들은 대체 '너는 누구냐?'를 계속해서 물을 것이고 곱지 않은 눈매로 쳐다볼 것입니다. 어이없는 손해를 볼 것이고 때로는 밀려날 것입니다.

11 그러나 끊임없이 스스로 확인해야 합니다. "나는 세상 속에 살고 있지만 세상에 속한 사람이 아니다." 그러므로 손해를 감수해야 합니다. 왕따를 자청하는 것이지요.

12 누군가 왕따를 이렇게 정의합니다. '왕은 따로 논다.' 그러나 외톨이가 아닙니다. '나를 보내신 분이 나와 함께한다'는 사실 때문입니다. 그분의 기쁨이 내 안에 차오르면 세상이 그렇게 중요하지 않습니다.

스스로 말하는 자는
자기 영광만 구하되
보내신 이의 영광을 구하는 자는 참되니
그 속에 불의가 없느니라
(요 7:18)

01 사람은 언어의 집입니다. 사람이 동물과 다른 것도 말 때문입니다. 하나님의 형상과 모양을 따라 지어진 사람은 하나님의 말씀과 불가분입니다.

02 예수님은 그래서 "내가 하는 말이 곧 영이고 생명"(6:63)이라고 하십니다. "나는 곧 내가 하는 말"이라는 말씀입니다. 하나님은 태초부터 로고스입니다.

03 사탄의 유혹 또한 말로 시작합니다. 말로 다가와 하나님

013

왜 사람의 말에
휘둘립니까?

요 7:14-24

의 말씀을 혼잡케 합니다. "정말 그렇게 말씀하시더냐?"
말로 사람을 뒤흔들어 놓습니다.

04 아! 얼마나 많은 비극이 말 때문에 일어납니까? 얼마나
분명치 않은 말에 쉽게 흔들립니까? 얼마나 자주 말로
다투고 대립하고 분열합니까?

05 그리스도인의 갈등, 성도의 타락, 교회의 분열…. 이 모
든 것이 말씀을 먹지 않고 분별하다 생긴 일입니다. 말

로써 말씀을 재단한 결과입니다.

06 예수님을 공격한 유대인들은 끊임없이 그 말씀의 꼬리를 잡기 위해 온 힘을 기울입니다. 그런데 들을수록 가르치는 말씀이 깊고 풍성합니다.

07 "대체 배우지도 않았는데 어떻게 이런 것을 아는가?" 이것은 두 가지 생각에서 비롯된 평가입니다. 경멸감과 경외감입니다. 처음엔 무시했는데 듣다 보니 놀랍다는 것입니다.

08 예수님께서 경외감의 원천을 알려 주십니다. 그것은 예수님이 말씀하시고 가르치시는 이유 때문입니다. "하나님의 영광을 위한 것은 진실하고 속에 거짓이 없다."(18절)

09 반면에 자기의 영광을 위해 말하고 행동하는 사람은 진실할 수가 없고 거짓되지 않을 수 없습니다. 그 때문에 시간이 지날수록 갈등이 커집니다.

10 세상의 지혜는 차라리 침묵할 줄 압니다. 말은 은이고
    침묵은 금이라는 믿음으로 삽니다. 말씀이 없다면 이보
    다 지혜로운 말이 없습니다.

11 그러나 나를 위해 침묵해야 할 때 그리스도인은 그
    를 위해 침묵할 수 없습니다. 그 말씀이 사랑이기 때
    문입니다. 사랑하기 때문에 침묵할 수 없습니다.

12 예수님은 율법에 매인 유대인들에게 청천벽력처럼 말씀
    하십니다. "너희 중에 율법을 지키는 자가 하나도 없구
    나."(19절) 사랑의 본질을 놓쳤으니 무슨 말씀이 이해가 되
    며 어떻게 말씀대로 살 수 있겠느냐는 탄식입니다. 사랑
    이 없으면 기도와 말씀도 사람을 해칠 수 있습니다.

예수께서 대답하여 이르시되
진실로 진실로 네게 이르노니
사람이 거듭나지 아니하면
하나님의 나라를 볼 수 없느니라

(요 3:3)

01 예수님에 대한 소문이 이스라엘 전역으로 퍼져 나갔습니다. 기적은 무성한 소문을 낳습니다. 사람에 대한 소문은 점점 불어나 진실과 멀어집니다.

02 니고데모는 그 소문이 너무 궁금합니다. 그는 바리새인입니다. 이스라엘에서 종교적 열심이 정말 대단했던 6천명 중의 하나였다는 말입니다.

03 그는 관원이었습니다. 지금 국회와 대법원을 합한 것과

같은 71인 기구인 산헤드린 공회원입니다. 그야말로 부러울 것이 없는 사람입니다.

04 그의 고민은 무엇일까요? 유대 종교의 최고 지도자 반열에 올랐지만 내면의 불안은 여전히 해결되지 않았던 것이지요. 하나님으로 목마른 것입니다.

05 가지면 가질수록, 높이 오르면 오를수록, 율법을 지키면 지킬수록 그의 내면은 마치 유령처럼 스며들어 껌처럼

붙어 있는 불안에 시달립니다.

06 하나님에 대해 알고 심지어 하나님에 대해 가르칠 수는 있어도 하나님과 친밀감이 없는 상태, 기쁨과 자유와 누림이 없는 껍데기 신앙입니다.

07 밝은 대낮에 예수님을 찾아가는 일은 부담스럽기도 하거니와 자칫 위험에 빠질 수 있습니다. 그래서 그는 한밤에 찾아갑니다. "랍비여, 하나님에 대한 표적을 들었습니다."(2절)

08 예수님은 그의 말문을 막습니다. "누구든지 위로부터 새로 태어나지 않으면 하나님나라를 볼 수 없다."(3절) '누구든지'는 니고데모 당신도 예외가 아니라는 말씀입니다.

09 니고데모가 당황합니다. "대체 늙은 사람이 어떻게 다시 납니까?" 예수님이 말씀하십니다. "누구든지 물과 성령으로 거듭나지 않으면 하나님나라에 들어갈 수 없다."(4-5절)

10 예수님은 신앙의 본질로 들어갑니다. 평생 하나님을 추
    구한 종교 지도자를 향해 명령합니다. "다시 시작해라.
    거듭나라." 신앙은 거듭남입니다.

11 우리는 고쳐 쓰고 싶습니다. 도저히 나를 버릴 수 없
    기 때문입니다. 사방을 둘러보면 그래도 나만한 사
    람이 없습니다. 자기애는 불치병입니다.

12 종교적 열심은 자기애를 키우고, 자만심을 키웁니다. 그
    러다 그는 어느 날 괴물이 되어 버립니다. 보통 사람들,
    안 믿는 사람들, 세상 사람들이 다 압니다. 정작 자신만
    모릅니다. 예수님의 처방은 동일합니다. "네가 거듭나야
    한다."

그러나 내가 이스라엘 가운데에
칠천 명을 남기리니
다 바알에게 무릎을 꿇지 아니하고
다 바알에게 입맞추지 아니한 자니라
(왕상 19:18)

01 갈멜 산 제단에 하나님의 불이 내리자, 엘리야와 이스라엘 백성은 바알 선지자들을 죽였습니다. 마침내 3년여 가뭄이 끝나고 큰비가 내렸습니다.

02 하나님의 능력이 임한 엘리야는 아합이 탄 전차보다 빨리 달렸습니다. 대단한 승리입니다. 하나님이 함께하는 사람의 능력이 드러났습니다.

03 그러나 이 승리의 감동은 이세벨의 "너를 반드시 죽이겠

015

하늘 아래
왜 나 혼자입니까?

왕상 19:1-21

다"는 단 한마디 협박에 흔적 없이 사라집니다. 엘리야
는 유다의 최남단 브엘세바까지 단숨에 달아납니다.

04 정신이 들었을 때 얼마나 허망했을까요? 하나님은 어디
계십니까? 갈멜 산의 엘리야와 광야의 엘리야는 같은 사
람입니까, 다른 사람입니까?

05 로뎀나무 아래에서 엘리야가 하나님께 기도합니다. "이
제 됐습니다. 제 목숨을 가져가 주십시오. 저는 제 조상

들보다 하나도 나은 것이 없습니다."(4절)

06 엘리야의 고백에서 우리는 인간의 연약함을 보게 됩니다. 그는 왜 믿음의 선배들과 비교합니까? 그가 제 힘으로 무엇을 했는데 투정합니까?

07 하나님께서 엘리야를 달래십니다. "일어나 뭘 좀 먹어라. 네 갈 길이 아직 멀었다."(7절) 40일을 걸어 호렙 산에 이르자 하나님이 나타나십니다.

08 산을 가르고 바위를 부순 바람 속이 아닙니다. 바람이 지난 뒤 지진 가운데도 아닙니다. 지진이 멈추고 일어난 불길 가운데도 아닙니다.

09 모든 것이 지난 뒤에야 하나님은 세미한 음성으로 다가오십니다. "엘리야야, 여기서 대체 뭘 하고 있느냐?"(13절) 그는 지금 자신이 뭘 하고 있는지 모릅니다.

10 "제가 하나님을 정말 열심히 섬겼습니다. 그러나 백성은 언약을 버리고 예언자들을 죽였습니다. 이제 저만 남았습니다. 그런데 그들이 저마저 죽이려 합니다."(14절)

11 하나님께서 빙긋 웃으십니다. "너 혼자라고? 착각하지 마라. 내가 바알에게 무릎 꿇지 않은 사람 7천 명을 이스라엘에 남겨 두었단다."(18절)

12 세상이 곧 망할 것 같습니다. 아무도 없는 것 같습니다. 이 악한 세상을 위해 내가 기도한다고 달라질 게 뭐가 있겠나 싶습니다. 이때 하나님께서 그런 믿음의 사람들에게 말씀하십니다. "내가 곳곳에 내 백성들을 세워 두었다."

내가 부르짖어
도움을 구하나
내 기도를 물리치시며
(애 3:8)

01 하나님은 우리의 부르짖음에 귀 기울이시고, 작은 신음
에도 응답하십니다. 말씀하시고 기도를 들으시는 것이
하나님의 일입니다.

02 그런데 하나님이 어느 순간 자신의 백성을 외면하십니
다. 하나님이 고개를 돌리시면 신음하고 부르짖어도 소
용이 없습니다. 고난이 깊어집니다.

03 이스라엘 백성은 출애굽을 경험했습니다. 노예 신분에

016

왜 기도의 문이 닫힙니까?

애 3:1-18

    서 자유인이 됐습니다. 바로의 압제에서 벗어난 감격과
환희는 상상 이상이었습니다.

04 그러나 이스라엘 백성이 이제 다시 바벨론을 경험합니
     다. 자유인의 신분에서 포로가 됐습니다. 죽은 자는 셀
     수가 없고 살아도 노예입니다.

05 도대체 무슨 일입니까? 왜 이러십니까? 사랑의 하나님
     맞습니까? 아니 하나님이 계시기나 한 겁니까? 아무리

묻고 따져 봐야 늦었습니다.

06 그동안 하나님은 수없이 말씀하셨습니다. 매를 들었다가 놓은 적이 수백 번, 수천 번입니다. 돌아오라고 크고 작은 음성으로 경고하셨습니다.

07 예레미야가 부른 애가(哀歌)는 인간이 겪을 수 있는 고통의 한계를 넘었습니다. 인간의 말로 표현할 수 있는 수준이 아닙니다. 무한 고통의 증언입니다.

08 살아도 이제 도망갈 수도, 죽을 수도 없습니다. 소리치고 부르짖어도 소용이 없는 것은 하나님께서 기도의 창을 닫아 버린 탓입니다.

09 사람 간에도 그렇습니다. 부부가 어느 순간 마음을 닫을 때가 있습니다. 더 이상 무슨 얘기도 통하지 않습니다. 대화의 창이 닫힌 것입니다.

10 평안이 사라지자 마음이 요동치고 때로 불화살이 마음의 중심을 관통합니다. 관계는 갈가리 찢기고 삶은 황폐해집니다.

11 그래서 때가 중요합니다. 하나님은 시간 밖에 계시
    지만 인간의 시간을 재고 계십니다. 사철을 주셨고
    연수를 정하고 조용히 기다리십니다.

12 우리 모두에게 구원의 때, 심판의 때가 있습니다. 출애굽
    은 구원의 이야기이고 바벨론 유수는 심판의 이야기입
    니다. 예수님의 성육신은 구원의 때에 일어난 일이고, 예
    수님의 재림은 심판의 때에 일어날 일입니다. 지금은 은
    혜와 구원의 때입니다.

더딘 것 같아도 늦어지는 이유가 있고,
빠른 것 같아도 급한 이유가 있습니다.

어찌 다 알겠습니까.

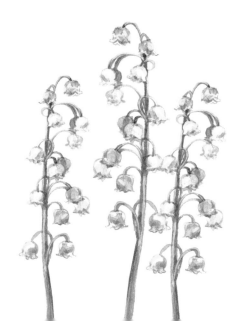

네 손이 일을 얻는 대로
힘을 다하여 할지어다
네가 장차 들어갈 스올에는
일도 없고 계획도 없고
지식도 없고 지혜도 없음이니라
(전 9:10)

01 존재는 시간입니다. 인생은 출생과 죽음 사이의 시간입니다. 영생은 존재 너머의 시간입니다. 그렇다면 인생의 의미와 목적이 분명해집니다.

02 이 땅에 잠시 사는 목적이 영생과 연결되지 않는다면 허무로부터 벗어날 길이 없습니다. 그 모든 지식과 지혜도 허무에 사로잡히고 맙니다.

03 마지막이 불안한데 과정이 평안할 리 없습니다. 끝이 어

017

열심히 살면
잘 사는 것 아닙니까?

전 9:1-10

딘지 모르는데 방황하지 않을 도리가 없습니다. 죽음이 미지수이면 삶도 미지수입니다.

04 그래서 더 열심히 사는 사람들이 있습니다. 끝을 몰라서 더 모으고 끝이 불안해서 더 쌓는 사람들이 있습니다. 평생 무슨 평안을 누리겠습니까?

05 하나님을 떠난 인생이 열심을 다하는 것은 유산을 갖고도 남의 집 허드렛일로 하루하루 먹고사는 것과 같습니

다. 당연히 그 가운데에는 기쁨이 없습니다.

06 전도자가 일생을 돌고 돌아 되돌아온 자리가 하나님입니다. 그 자리는 시종 변함이 없습니다. 하나님은 내가 떠났던 바로 그 자리에 계십니다.

07 돌아와서 본즉 특별할 것도 없는 사람이 특별한 사람이고, 하찮아 보이던 일이 결코 하찮은 일이 아닙니다. 모든 것이 새롭고 소중합니다.

08 전도자는 먼저 아내를 발견합니다. 그토록 다른 곳에 눈길을 돌렸는데, 정신 차리고 보니 곁에 있는 아내야말로 하나님의 가장 귀한 선물입니다.

09 늘 새로움을 갈망하고 변화를 추구했는데 정신 차리고 보니 하고 있던 일이 가장 값진 일입니다. 재능과 소원이 처음 만났던 일입니다.

10 전도자가 재차 권합니다. "할 만한 일이면 그 일에 전심을 다하세요."(10절) 사실 모든 일이 그렇습니다. 눈을 돌릴수록 내 일이 하찮아 보입니다.

11 모든 사고가 곁눈질하다 일어납니다. 과속일수록 곁눈
    질은 더 위험합니다. 삶의 속도가 빨라질수록 오히려 한
    가지 일에 집중해야 합니다.

12 핵심 가치를 놓치면 다 헛일입니다. 그래서 무엇이
    든 시작할 때 확인해야 할 것은 내가 이 일을 왜 하
    느냐는 것입니다. 할 만한 가치가 있는 일이라면 인
    생을 걸어야 합니다. 진정한 가치를 발견하는 것이
    인생의 가장 가치 있는 일입니다.

어떤 사람은 그 지혜와 지식과
재주를 다하여 수고하였어도 그가 얻은 것을
수고하지 아니한 자에게
그의 몫으로 넘겨주리니
이것도 헛된 것이며 큰 악이로다
(전 2:21)

01 나이 들면 평준화가 일어난다지요. 언젠가 늙으면 학식
도 미모도 재산도 평준화되다가 결국 사나 죽으나 같게
된다는 얘기를 듣습니다.

02 술과 매에 장사가 없다지만 나이 앞에 초인이 없습니다.
젊은 시절 동시통역을 하던 분이 늙어 언어 자체를 잊어
버리기도 합니다. 살아 있어도 죽은 거지요.

03 솔로몬은 스스로 누구보다 지혜롭다고 여겼지만 죽음을

018

왜 유산을 남깁니까?

전 2:12-26

묵상하면서 불현듯 깨닫습니다. "지혜자나 우매자나 죽는 것이 뭐가 다르단 말인가?"(16절)

04 그는 한 걸음 더 나아갑니다. "내가 쌓은 이 모든 것을 내 뒷사람에게 물려준들 그가 지혜롭게 지킬지 어리석게 무너뜨릴지 어찌 알랴?"(18-19절)

05 열 길 물속은 알아도 한 길 사람 속은 모른다고 합니다. 겉 보기는 멀쩡해도 겉과 속이 다른 사람이 셀 수도 없이 많

습니다. 사람은 가까워질수록 실망하게 됩니다.

06 가진 것이 많을수록 남겨 두고 떠나는 일이 힘듭니다. 쌓은 탑이 높을수록 뒷감당할 만한 사람 찾기가 어렵습니다. 다 소유욕의 발동입니다.

07 그래서 부자간에도 주고 나서 손을 놓기가 어렵고, 남남 간에는 넘겨주고 나서 오래지 않아 원수가 됩니다. 돈도 권력도 마찬가지입니다.

08 우울하면 온 하늘이 잿빛입니다. 허무하다는 생각이 들면 점점 더 수렁입니다. 모든 일에 낙심합니다. 밤이고 낮이고 자살 충동에 시달립니다.

09 이상하지요? 어떻게 솔로몬 왕 같은 사람에게도 이런 일이 있습니까? 그러나 이것은 예외가 없습니다. 모든 사람에게 이런 일이 일어날 수 있습니다.

10 언제 그럴까요? 종일 나를 쳐다볼 때입니다. 24시간 나를 묵상할 때입니다. 온 세상이 나 중심으로 돌아가야 한다는 생각에 빠질 때입니다.

11 그러나 솔로몬 왕은 여기서 빠져나왔습니다. 그는 하나님께로 시선을 옮겼습니다. 그는 하나님이 행하시는 일에 주목하기 시작했습니다.

12 그의 통찰은 여전히 날카롭습니다. "애써서 쌓은 것을 애쓰지 않은 사람에게 넘겨주는 것은 헛된 일이고 악한 일이구나!"(21절) 무릎을 칠 얘기지요. 뭘 남겨서 누군가에게 넘겨주겠다는 사람이라면 반드시 귀담아들어야 할 말입니다. 기업이든 교회든….

내가 또 너희에게 이르기를
나는 너희의 하나님 여호와이니
너희가 거주하는 아모리 사람의 땅의 신들을
두려워하지 말라 하였으나
너희가 내 목소리를 듣지 아니하였느니라
하셨다 하니라
(삿 6:10)

01 이번에는 미디안 사람들이 이스라엘을 위협합니다. 이스라엘을 괴롭히는 악역을 주변 나라들이 번갈아 가며 맡습니다. 그야말로 이스라엘은 동네북 같습니다.

02 이스라엘 백성은 피하다 피하다 산속으로 숨어듭니다. 동굴로 들어가고 높은 곳에 요새를 만들어 겨우 생명을 부지합니다.

03 얼마나 약탈을 당했는지 가축과 양식의 씨가 말랐습니

019

왜 두렵습니까?

삿 6:1-10

다. 미디안 사람들이 메뚜기 떼처럼 몰려와서 쓸어 갔습니다. 이스라엘 백성의 심정이 어땠을지 짐작이 갑니다.

04 다시 부르짖어야 했고 다시 응답받아야 했습니다. 사사기는 이렇게 이스라엘이 고난에 빠지고, 목청껏 부르짖고, 하나님이 불쌍히 여겨 구원하는 일이 반복됩니다.

05 그런데 이번에는 하나님께서 사사를 세워 주는 대신 예언자를 보내십니다. 먼저 얘기부터 하시겠다는 것입니

다. "대체 내가 누구냐. 나는 너희들에게 어떤 존재냐?"

06 얼마나 답답했으면 다시 처음부터 시작하시겠습니까?
"나는 너희가 이집트에서 종살이할 때 너희 모든 백성을
구원해 내었다. 나는 여호와 하나님이다."(8절)

07 "내가 하나님이다." 하나님의 어이없는 표정을 봅니다.
마치 무엇엔가 홀려서 넋이 나간 자녀에게 쏟아 놓는 푸
념 같습니다. "내가 네 아버지다."

08 아버지는 아들에게 많은 것을 기대하지도, 요구하지도
않습니다. 아들로서 아버지를 아버지로 인정하고 순종
하기만을 원합니다.

09 하나님도 인간에게 많은 것을 기대하거나 요구하지 않으십니다. 피조물인 인간이 창조주이신 아버지를 아버지로 인정하고 순종하기를 바라실 따름입니다.

10 "그런데 너희는 나를 인정하지 않았고 내 말을 듣지 않았다. 그러더니 아모리 족속의 신들을 두려워하더구나."(10절) 이스라엘 백성이 왜 우상을 두려워하게 되었는지가 드러납니다.

11 이해관계가 얽히면 두렵거나 부럽습니다. 이해관계가 잘 풀리지 않으면 시기심이나 분노에 사로잡힙니다. 이해관계는 나의 욕심 때문에 더욱 복잡하게 얽힙니다.

12 아버지가 재벌이라도 궁핍하게 살 수 있습니다. 하나님이 아버지라도 우상이 두려울 수 있습니다. 내 발로 가출하면 그렇게 되고 내 손으로 호적을 파면 그런 일이 생깁니다. 아버지의 유산을 받으려면 아버지의 말에 귀기울이는 수밖에 없습니다.

때가 오래 되었으므로
너희가 마땅히 선생이 되었을 터인데
너희가 다시 하나님의 말씀의
초보에 대하여 누구에게서
가르침을 받아야 할 처지이니
단단한 음식은 못 먹고
젖이나 먹어야 할 자가 되었도다

(히 5:12)

01 부모가 자녀를 양육하는 목표는 그들이 부모의 손을 빌
리지 않고도 살아가게 하는 것입니다. 홀로서기를 시키
는 것입니다. 부모는 언젠가 세상을 떠날 것이기에 그 전
에 어떻게든 자녀가 홀로서기할 수 있도록 가르칩니다.

02 어떤 교육기관도 평생 그곳에 붙들어 두고 교육시키지
않습니다. 자격이 되든 되지 않든 일정 기간이 지나면
졸업시킵니다.

020

예수님이 떠나시는 게
왜 유익입니까?

히 5:1-14

03 종교기관은 그런 점에서 독특합니다. 한 사람을 위해 요
람에서 무덤까지 평생 책임지는 것을 목표로 삼겠다는
곳이 많습니다.

04 예수님은 그 점에서 놀랍도록 파격입니다. 신앙 교육을
위해 어떤 기관이나 제도도 만들지 않으십니다. 다만 느
닷없이 찾아와 "너는 나를 따르라"고 부르십니다.

05 교실도 없고 학기도 없습니다. 그냥 같이 먹고 자고 다

니셨습니다. 우리는 이를 제자훈련이라는 이름을 붙여 또 다른 교육 시스템으로 만듭니다.

06 예수님은 어디서 어떻게 훈련받았는지 종잡을 수 없습니다. 히브리서 기자는 그래서 예수님은 아론의 집안과 거리가 먼 특별한 가계임을 언급합니다.

07 "예수님은 멜기세덱의 계열을 따르는 영원한 대제사장으로 하나님께서 직접 임명하신 분입니다."(10절) 멜기세덱은 아브라함 시대에 등장하는 신비에 싸인 인물입니다.

08 재미있는 것은 이런 설명 끝에 우리가 신구약 성경을 제대로 읽고 이해했다면 지금쯤 이 정도는 깨닫고 있어야 한다는 것을 강조하고 있는 부분입니다(11절).

09 아무튼 예수님은 3년간 이스라엘 땅을 함께 거닐던 제자들과 작별할 채비를 하십니다. 하지만 제자들은 그때까지도 크게 달라진 게 없습니다.

10 예수님은 약속 하나 남기고 태연하게 십자가로 걸어가십니다. "내가 떠나는 게 너희에게 더 이익이야. 내가 가면 이제 성령을 보내 줄 거야."(요 16:7)

11 졸업시험은 뜻밖에 성령세례입니다. 유다라는 탈락자가 나오긴 했지만 그것도 우리 모두에게 위안입니다. 예수님도 배신당했는데 우리는 어떻겠습니까?

12 그리스도인의 목표는 무엇입니까? 교회는 왜 존재합니까? 평생 사람을 모아서는 왜 힘 겨루고 갈등하고 다툽니까? 지금쯤 선생이 돼도 부족한데 언제까지 배움을 찾아 방황할 겁니까?

만일 내가 불의를 행하여
무슨 죽을죄를 지었으면
죽기를 사양하지 아니할 것이나
만일 이 사람들이 나를 고발하는 것이
다 사실이 아니면
아무도 나를 그들에게 내줄 수 없나이다
내가 가이사께 상소하노라 한대

(행 25:11)

01 바울 사건은 당대의 뜨거운 감자였습니다. 벨릭스 총독은
끝내 유대인들이 바울을 고소한 사건을 종결하지 않고
임지를 떠나 버렸고, 그 자리에 신임 총독 베스도가 부임
했습니다.

02 유대 총독의 첫 번째 과제는 유대 지도자들과 안정적인
관계를 맺는 것입니다. 베스도는 유대 지도자들과 가능
하면 협의해서 바울의 재판을 그들의 뜻대로 처리하고
자 했습니다.

021

왜 더디 갈까요?

행 25:1-12

03 "네가 예루살렘으로 올라가서 재판을 받지 않겠느냐?"(9절)
    바울이 이 질문에 담긴 속뜻을 왜 모르겠습니까? 바울의
    목숨을 노리는 사람들의 눈이 매와 같이 번뜩이는 것을
    왜 모르겠습니까?

04 바울은 말했습니다. "나는 지금 가이사의 법정에 서 있
    지 않습니까? 더구나 나는 유대인들의 율법과 성전에 대
    해 죄를 지은 일이 없습니다. 그런데 로마 시민이 왜 거
    기서 재판을 받습니까?"(10-11절)

05 바울의 이 한마디가 그의 재판 관할지를 정하는 결정적인 근거가 되었습니다. "유대인들의 고소 내용이 사실무근이라면 나를 그들에게 넘겨줄 권리는 누구에게도 없습니다."(11절)

06 성도 간의 문제를 재판정으로 갖고 가는 것은 지극히 신중해야 합니다. 교회 안의 문제를 재판으로 해결하겠다는 태도는 지극히 비신앙적입니다.

07 그러나 어느 한쪽이 재판으로 몰고 갈 경우, 이에 대응하는 것이 불가피할 경우, 내 명예를 위해서가 아니라 하나님의 이름을 위해서 재판정에 설 수 있습니다.

08 바울은 하나님의 이름을 위해 정당한 권리를 주장합니다. "나는 가이사에게 상소합니다." 재판은 2년간 제자리걸음만 했습니다. 총독들은 바울이 법적으로 무죄인 줄 알면서도 정치적인 이유로 이러지도 저러지도 못했습니다.

09 바울이 이처럼 가이사에게 상소한 것은 지금으로 치면 대법원에 상고한 것입니다. 가이사가 직접 재판하는 것이 아니라 로마 배심원들로 구성된 재판정에 서는 것입

니다.

10 바울은 이미 죽을 각오가 돼 있는 사람입니다. 죽으면 죽
   으리라, 날마다 순교의 칼날 위를 걸어왔습니다. 그러나
   그의 걸음은 하나님이 인도하십니다.

11 "네가 로마에서도 나를 증거하리라."(23:11) 지난 2년간
   바울은 로마를 잊은 적이 없습니다. 어떻게 갈 것인가,
   누구를 만날 것인가, 복음을 어떻게 전할 것인가…. 그
   에게 지난 2년간은 비록 감옥이지만 안식하며 로마에서
   선포할 복음을 준비한 시간이었습니다.

12 원하는 형태는 아니어도 바울은 쉼의 시간을 얻었
   고, 원하던 방법은 아닐지라도 로마행은 이렇게 진
   행되었습니다. 더딘 것 같아도 늦어지는 이유가 있
   고, 빠른 것 같아도 다급한 이유가 있습니다. 어찌
   다 알겠습니까.

사데 교회의 사자에게 편지하라
하나님의 일곱 영과 일곱 별을 가지신 이가
이르시되 내가 네 행위를 아노니
네가 살았다 하는 이름은 가졌으나
죽은 자로다
(계 3:1)

01 갈수록 외모와 외관이 중요한 시대를 살고 있습니다. 아무리 속이 꽉 차도 겉이 빈약하면 외면당하기 쉽습니다. 안타깝지요.

02 영적인 세계는 어떨까요? 갈수록 더 외면 받습니다. 사람들은 화려한 스펙이나 요란한 활동에 관심을 갖습니다. 그러나 예수님의 관심은 다른 데 있습니다.

03 예수님은 한마디로 일러 주십니다. "내가 네 행위들을

022

교회, 살아 있습니까?

계 3:1-6

알고 있다."(1절) 우리가 왜 그런 일을 하고 있는지 다 알고 계신다는 말입니다. 불꽃 같은 눈입니다.

04 예수님께서 사데교회를 꿰뚫어 본즉 이 교회는 살아 있다고 하지만 사실 죽은 교회입니다. 활동은 무성하나 그속에 생명력이 없습니다.

05 사람의 눈으로 보면 예배, 양육, 봉사, 전도, 선교, 교제 모든 면에서 왕성하기 그지없는데 이 모든 활동이 단지

바쁘기만 할 따름입니다.

06 교회는 사람의 생각과 방법, 노력으로 이루어지는 곳이
    아닙니다. 교회는 세상의 생각과 방법, 노력으로 부흥하
    지 않습니다. 교회는 달라야 합니다.

07 성령은 우리의 가장 깊은 부분을 꿰뚫어 보십니다. 바울
    도 그 점에서 거침없이 말합니다. "네가 모든 것으로 구
    제하고 헌신해도 무익하다."(고전 13:3)

08 그는 심지어 방언하고 예언하고 산을 옮길 만한 믿음이
    있어도 아무것도 아니라고 말합니다(고전 13:2). 사랑이
    없으면 아무 유익이 없다는 것이지요.

09 교회가 세상을 닮아 간다고 세상에 영향을 끼치거나 세상을 바꾸지 못합니다. 교회의 본질은 단 한 가지, 거룩함입니다. 정직과 신실함입니다.

10 무슨 건축을 한들 세상이 교회에 감동하겠습니까? 무슨 활동을 한들 세상이 교회를 배우겠습니까? 이미 세상은 교회보다 앞서 있습니다.

11 그러나 세상이 백 번 바뀌어도 할 수 없는 일이 있습니다. 서로 사랑하는 일입니다. 교회는 어떠한 일을 하기 위해 세워진 기관이 아닙니다.

12 교육, 구제, 봉사, 전도, 선교가 반드시 필요하겠지요. 그러나 그 모든 것이 '서로 사랑' 없이 이뤄진다면 아무 유익이 없을 뿐만 아니라 예수님 보시기에 아무것도 아닙니다. 다들 살아 있다고 생각하겠지만 예수님 보시기에는 죽은 것입니다.

이에 금식하며 기도하고
두 사람에게 안수하여 보내니라
(행 13:3)

01 예루살렘교회가 안디옥교회를 낳았습니다. 안디옥교회
의 지도자들은 다양했습니다. 바나바와 바울 외에도 예
언자들과 교사들이 있었습니다.

02 교회 지도자들은 함께 예배드리고 금식하며 기도했습니
다. 사역이 많아져서 회의를 한 것도 아니고, 성장을 위
해 세미나를 한 것도 아닙니다.

03 세상의 조직들도 회의가 많아지면 조심하게 됩니다. 일

023

교회는 왜 달라야 합니까?

행 13:1-12

하는 시간보다 회의 시간이 길어지는 것은 이상한 조짐이기 때문입니다. 교회는 말할 것도 없습니다.

04 안디옥교회 지도자들은 여러 차례 회의를 했으나 중요한 일은 금식하며 기도하고 나서 결정했습니다. 표결로 결정한 것이 아니라 한마음 한 뜻이 되어 결정했습니다.

05 사람이 결정한 것이 아니라 성령께서 했다는 말입니다. 이때 두 가지 중요한 결정이 이뤄집니다. 안디옥교회가

선교해야 한다는 것과 선교사로 바나바와 바울을 보낸다는 것입니다.

06 세상에 어떤 교회가 이런 결정을 내릴 수 있겠습니까? 어떻게 교회를 세운 두 명의 지도자를 동시에 선교사로 보내는 결정을 할 수 있겠습니까?

07 사람은 못합니다. 회의로는 못합니다. 제도의 틀 안에서는 못합니다. 그러나 성령은 하십니다. 성령의 음성을 다 같이 들었으면 갈등이 없습니다.

08 회사는 회장과 사장이 동시에 떠나거나 사장과 부사장이 동시에 사임하면 당연히 흔들리게 됩니다. 어쩌면 문을 닫게 될 수도 있습니다.

09 그러나 교회는 다릅니다. 교회는 달라야 합니다. 교회 지도자들이 함께 예배드리고 기도하고 금식하며 주의 뜻을 구한다면, 그 교회는 세상과 다를 수밖에 없습니다. 교회는 사람이지만 사람의 것이 아니기 때문입니다.

10 초대교회여서 다른 것이 아닙니다. 안디옥교회여서 다
    른 것이 아닙니다. 모든 성도가 오직 하나님의 뜻에 순
    종하기 위해 하나님의 방법에 매달린 것이 달랐을 뿐입
    니다.

11 오늘날 세상은 성경에서 배울 것을 다 배웠습니다. 세상
    의 조직들은 교회에서 배울 것을 다 배웠습니다. 요즘은
    교회가 세상의 지혜와 방법을 배우는 데 열심입니다.

12 무엇을 배우건 우리가 지켜야 할 길이 있습니다. 함께
    예배드리고 기도하고 금식하며 말씀을 구할 때 사람의
    뜻이 꺾이고 하나님의 뜻이 드러나게 됩니다. 그러면 교
    회는 비로소 세상이 포기할 수 없는 것을 포기하고, 세
    상이 할 수 없는 일을 해내게 됩니다.

사무엘이 돌을 취하여
미스바와 센 사이에 세워 이르되
여호와께서 여기까지 우리를 도우셨다 하고
그 이름을 에벤에셀이라 하니라

(삼상 7:12)

01 믿음은 모험입니다. 때로 목숨을 걸기도 합니다. 패배가
    확실해 보이는 블레셋과의 전쟁에서 이스라엘이 오히려
    큰 승리를 거두었습니다. 이스라엘의 기도를 들은 하나
    님이 큰 우레를 내려 블레셋 군대를 혼비백산하게 만들
    었기 때문입니다.

02 도스토옙스키는 사형선고를 받았다가 형 집행 정지로
    살아난 뒤 일생 성경을 품고 살았습니다. 그는 부활과
    같은 징검다리를 건너 불멸의 명작들을 남겼습니다.

024

영적 체험을
왜 과시합니까?

삼상 7:12-17

03 나 역시 돌이켜 보면 여러 번 죽을 고비를 넘겼습니다. 여기까지 와서 보니 어떻게 오게 되었는지가 깨달아집니다. 인생 여정의 곳곳에서 도움의 손길이 위험으로부터 지켜 주었습니다.

04 세상 사람들은 도움을 찾아 사방을 두리번거립니다. 도와줄 것이라 믿었다가 수없이 배신을 당합니다. 때로 도움을 받은 것이 훗날 도리어 화가 되기도 합니다.

05 믿음은 눈을 들어 사람보다 하늘을 바라보는 것입니다. 그리고 작은 목소리로 하나님께 이렇게 고백하는 것입니다. "나의 도움이 오직 천지를 지으신 여호와에게서만 오는 것임을 믿습니다."(시 121:2)

06 지금 여기서 살아 숨 쉬고 있는 것이 다 은혜입니다. 생각지도 못한 도움의 손길로 그때 그 일이 이루어졌고, 피할 수 없는 위기를 넘겼습니다.

07 사무엘과 온 백성의 기도가 응답되었습니다. 불가능한 승리였습니다. 누구도 하나님이 행하신 일을 의심하지 않았습니다. 그때 사무엘은 기억의 고리를 만듭니다.

08 사람의 기억은 시간이 지나면 희미해지고 사랑은 식어 갑니다. 신앙도 순수함과 열정이 처음 같지 않습니다. 사무엘은 하나님의 도움을 기억할 돌, 에벤에셀 기념비를 세웁니다.

09 믿음의 여행을 떠난 사람이라면 누구에게나 에벤에셀이 있습니다. 신앙은 그 도움의 돌들을 징검다리로 만들어 살아온 흔적입니다. 신앙은 그래서 에벤

에셀의 기억입니다.

10 겸손과 교만의 갈림길도 이 기억에 달렸습니다. 나 역시 나이 들어 기억력이 흐릿해지고 보니까 신앙의 선배들이 자주 실족하는 이유를 알게 되었습니다.

11 성경은 날마다 우리의 기억을 되살리는 특별한 은혜의 장입니다. 성경이야말로 그리스도인에게 가장 장엄한 에벤에셀입니다. 개인의 어떤 경험과 기억도 성경에 앞서지 않습니다.

12 특별히 영적으로 혼탁한 시대일수록 개인의 영적 체험을 사방에 과시하는 일들이 잦습니다. 그러다 결국 신앙의 본질을 놓치고 곁길로 벗어나게 됩니다. 그리스도인 최후의 에벤에셀은 십자가입니다. 영생의 샘물은 오직 십자가로부터 흐르는 까닭입니다.

있는 자는 받을 것이요
없는 자는 그 있는 것까지도
빼앗기리라
(막 4:25)

---

01 쓰면 없어지는 것이 있고 쓸수록 더 많아지는 것이 있습니다. 주면 줄어드는 것이 있고 줄수록 더 늘어나는 것이 있습니다.

02 영적인 세계는 물리적인 세계와 같지 않습니다. 눈에 보이는 것들은 닳아 없어지지만 눈에 보이지 않는 것은 그렇지 않습니다.

03 이상하게도 사람을 사랑하면 사랑할수록 사랑이 많은

025

하나님 나라에서
빈익빈 부익부가
웬 말입니까?

막 4:21-29

사람이 되고, 상대방을 배려하면 배려할수록 더 속 깊은
사람이 됩니다.

04 움켜쥐면 움켜쥘수록 오히려 가난한 사람이 되고, 나누
면 나눌수록 오히려 더 부요한 사람이 됩니다. 이 비밀
은 아는 사람만 압니다.

05 빈익빈 부익부는 경제 질서의 악입니다. 자본의 수익률
이 노동의 수익률을 압도하면서 발생하는 폐해의 대표

적인 부작용입니다.

06 정의를 부르짖는 사람들은 예외 없이 이 빈익빈 부익부에 칼을 겨냥합니다. 모든 혁명은 이 암적인 현상을 도려내려는 외과적 수술입니다.

07 그러나 영적인 세계에서 빈익빈 부익부는 척결의 대상이 아닙니다. 영성의 세계는 신비하게도 자유와 평등이 완벽한 조화를 이룹니다.

08 하나님 앞에서는 누구나 평등합니다. 완전한 평등입니다. 하나님 앞으로 나아가는 것은 강제가 아니라 자유입니다. 온전한 자유입니다.

09 말씀을 믿을 것인가, 믿지 않을 것인가가 자유입니다. 말씀에 순종할 것인가, 거부할 것인가도 자유입니다. 사랑은 무한히 자유를 허용합니다.

10 선택은 자유롭지만 일단 선택하면 신비한 일이 일어납니다. 자유롭게 선택한 이후의 변화는 끝없는 빈익빈 부익부입니다.

11 어떻게 사람이 더 이상 목마르지 않고 배고프지 않을 수 있습니까? 무한에 접속된 까닭입니다. 영원으로 지평이 옮겨지기 때문입니다.

12 믿음을 가진 사람은 더 큰 믿음을 갖게 됩니다. 소망을 품은 사람은 더 큰 소망을 품게 됩니다. 사랑하는 사람은 더 큰 사랑을 하게 됩니다. 그러나 이 모두를 외면하면 갖고 있던 손톱만 한 것들도 사라지고 맙니다.

왕이 대답하여 이르되
산 아이를 저 여자에게 주고
결코 죽이지 말라
저가 그의 어머니이니라 하매
(왕상 3:27)

---

01 열왕기상에는 솔로몬이 지혜의 왕이란 칭송을 듣게 된
사건이 등장합니다. 두 창기가 갓난아기를 놓고 서로 제
아이라고 주장하는 희귀한 사건입니다.

02 한 여인이 잠결에 제 갓난아기를 숨지게 하고는 곁에 잠
든 다른 여인의 갓난아기와 바꿔치기를 한 것입니다. 상
상이 안 되는 이야기지요.

03 이들은 몸을 파는 여인입니다. 그러니 아버지가 누군지

026

왜 지혜가
외면당합니까?

왕상 3:16-28

도 모를 아기지요. 참 예전 세상입니다. 아기를 바꾼 것,
왕 앞에 고소한 것도 다 놀랍습니다.

04 갓 태어나 얼굴 본 지 며칠 되지 않았지만 생모는 제 아
기를 분명하게 식별합니다. 다른 여인이 제 아기라고 떼
쓰는 것을 용납할 수 없습니다.

05 솔로몬이 둘의 주장을 듣고 신하들에게 명령합니다. "칼
을 가져오너라. 그 칼로 살아 있는 아기를 반으로 잘라

둘에게 나눠 주어라."(24-25절)

06 한 여인은 놀라서 펄쩍 뜁니다. "차라리 저 여자에게 주
십시오. 죽이지만 마세요." 다른 여인의 태도는 냉정합
니다. 누구의 아기도 되지 않게 나누라 합니다. 이로써
누가 생모인지 판결이 났습니다.

07 판결의 기준은 무엇입니까? 증인도 없고 증거도 없습니
다. 그러나 지혜는 바른 분별력입니다. 지혜는 바른 우선
순위를 분별하는 능력입니다.

08 지혜는 늘 생명이 우선이고 사랑이 먼저입니다. 사
랑하면 무엇보다 생명을 귀하게 여깁니다. 사랑이
없으면 생명도 한낱 물건입니다.

09 유물론적 사관을 갖고 생명을 사랑할 수 있을까요? 진화론적 사고를 갖고 인간을 진정으로 사랑할 수 있을까요? 불가능합니다.

10 내 아기의 생명을 사랑하지 않은 여인이 다른 아기인들 사랑할 수 있습니까? 죽음을 슬퍼하는 대신 아기를 바꿨는데 그게 무슨 사랑입니까?

11 사랑하지 않으면 못할 일이 없습니다. 온 세상에 확산된 갈등의 뿌리는 결국 생명에 대한 외경심과 사랑을 잃어버린 데서 시작된 것입니다.

12 믿는 사람들조차 웃음거리가 되고 있습니다. 다툼이 시작되면 끝까지 가거나 '반으로 가르자'는 식입니다. 결국 지혜와 분별력이 세상만도 못하다고 외면당합니다. 사랑이 식었기 때문이고 영생을 놓쳤기 때문입니다.

당신들은 이르기를
주의 종들은 어렸을 때부터 지금까지
목축하는 자들이온데
우리와 우리 선조가 다 그러하니이다 하소서
애굽 사람은 다 목축을 가증히 여기나니
당신들이 고센 땅에 살게 되리이다
(창 46:34)

01 요셉은 속이 깊은 사람입니다. 아버지 야곱을 모셔 올
    때도 많이 생각하고 이미 거처까지 마음에 품고 있었습
    니다.

02 닥치면 닥치는 대로 대응하는 것도 능력이지만, 오래 생
    각하고 깊이 고려하고 미리 계획하고 사전에 치밀히 준
    비하는 것도 순발력에 비할 수 없는 능력입니다.

03 요셉은 왜 하필 고센 땅을 택했을까요? 가장 비옥한 땅

027

왜 자꾸 복에 굶주립니까?

창 46:28-34

이고, 가축을 싫어하는 이집트 사람과 거리를 두고 살 수 있으며, 가나안 땅과도 가깝기 때문일 것입니다. 믿음을 지키는 삶과 돌아가야 할 때를 염두에 둔 선택입니다.

04 더구나 요셉은 왕의 의도를 간파했습니다. 왕이 요셉의 가족을 만나 직업을 물어볼 때 대대로 목축을 가업으로 이어 온 사실을 들으면 반드시 자신의 가축을 맡기고 고센 땅을 내줄 것을 내다보았습니다.

05 요셉은 볼수록 대단합니다. 자기를 내다 판 형들을 용서
    한 것도 그렇지만, 그 형들이 하나님을 제대로 만나 온
    가족이 하나가 되도록 하는 과정과 배려는 누구도 흉내
    내지 못할 일입니다.

06 결코 감정에 쉽게 휩쓸려서는 할 수 없는 일이고, 정말
    사랑하지 않고서는 생각할 수 없는 일입니다. 요셉은 사
    랑하는 가족에게 최선의 것, 최상의 것을 주고자 합니다.

07 사랑은 가장 좋은 것을 주고자 하는 마음입니다. 동정은
    쓰다 남은 것을 줄 수도 있고 형편이 닿는 만큼 베푸는
    것으로 족합니다. 하나님 아버지의 마음은 아무리 주어
    도 모자랍니다. 그러나 죄인의 마음은 아무리 받아도 모
    자랍니다.

08 만약 요셉에게 조금이라도 상처가 남았다면 아버지와
    형들에게 양식을 주는 것으로 그쳤을 것입니다. 굳이 온
    가족을 이집트로 데려올 생각을 하지 않았을 것입니다.
    대개는 찾아오는 것을 귀찮게 여깁니다.

09 모든 일이 요셉이 계획한 대로, 그리고 예상한 대로 이

뤄집니다. 한 가지 예상하지 못한 일은 왕궁을 찾아갔을 때 아버지 야곱이 처음 만난 왕을 앞에 두고 담대히 축복한 사건입니다(창 47:10).

10 "저의 130년 나그네 인생은 고달팠습니다."(창 47:9) 이렇게 말하는 야곱은 험한 세월을 살았던 한 시골 노인에 불과합니다. 그런 그가 이집트 왕을 축복합니다. 믿음의 사람은 누구를 만나도 축복해 줄 수 있습니다.

11 세상에는 축복받아야 할 사람이 끝도 없이 많습니다. 당신도 그 끝없는 줄에 서고 싶습니까? 하나님의 사람은 축복받아야 할 줄에 서기보다 축복해 주는 줄에 서야 합니다.

12 세상은 복에 굶주렸습니다. 무엇이 참 복인지도 모르고 어떻게 복을 받는지도 모릅니다. 야곱과 요셉에게서 배웁니다. '믿음만 있다면, 아무것도 없어도 다 가진 사람을 축복할 수 있구나. 만나는 사람마다 축복해 주는 삶이 형통한 삶이구나.'

기도 응답의 목적은 하나님입니다.
기도와 기적의 목적은 내가 아닙니다.

기도를 통해 내 뜻이 이뤄지는 것은
중요하지 않습니다.

그의 아버지가 허락하지 아니하며 이르되
나도 안다 내 아들아 나도 안다
그도 한 족속이 되며 그도 크게 되려니와
그의 아우가 그보다 큰 자가 되고
그의 자손이 여러 민족을 이루리라 하고
(창 48:19)

01 손자들에게 축복기도를 해주는 백발 할아버지의 모습이 아름답지 않습니까? 요셉도 기쁨과 감사가 넘칩니다.

02 그런데 기도의 순서가 바뀌었습니다. 야곱이 갑자기 오른손을 뻗어 차남 에브라임의 머리에 얹고 왼손을 뻗어 장남 므낫세 머리에 얹습니다. 유대인들에게는 오른손이 더 중요하고 먼저입니다.

03 요셉이 아버지 야곱이 잠시 실수했다고 생각해 두 손을

028

왜 서열을 따집니까?

창 48:12-22

바꾸려 했으나, 뜻밖에도 야곱이 단호합니다. 야곱은 눈이 어두워 손을 잘못 얹은 것도, 두 손자를 착각한 것도 아니었습니다.

04 "형만 한 아우가 없다"라는 우리 속담이 있습니다. 그러나 성경은 다르게 말씀합니다. "내가 다 안다. 내가 실수한 것이 아니다. 형보다 동생이 더 크게 될 것이다."(19절)

05 야곱이 왜 장남과 차남의 순서를 바꿨을까요? 쌍둥이로

태어나 평생 형 에서가 불편했던 자신의 아픈 기억 때문에 에브라임에게서 동병상련의 정을 느낀 걸까요? 야곱은 그런 감정의 굴곡을 다 지났습니다.

06 야곱은 이 순간 손자들을 앞에 두고 기도하면서 무슨 말을 하고 싶었을까요? 한 가지입니다. 세상의 질서와 하늘의 질서는 다르다는 것입니다. 하늘의 질서는 상식이나 관습을 뛰어넘습니다.

07 아랫사람 윗사람의 개념부터 다릅니다. 하늘의 질서는 작은 사람이 큰 사람을 섬기는 것이 아니라, 큰 사람이 작은 사람을 섬겨야 합니다.

08 세상은 먼저 자리를 차지한 선배나 상사가 중요합니다. 그러나 교회는 나중에 온 사람, 새로 온 사람이 중요합니다.

09 초대교회가 세상에 충격을 준 까닭도 세상의 질서와 거꾸로였기 때문입니다. 높은 사람이 낮은 사람을 섬겼고, 주인과 종이 동석했고, 남녀가 리더의 자리를 나누었고, 이방인과 유대인이 함께했습니다.

10 교회는 세상과 구별되었습니다. 내 것을 내 것이라고 하지 않았고, 공동체가 항상 나보다 먼저였습니다. 이기적인 그리스도인이란 둥근 네모처럼 양립될 수 없는 말입니다.

11 세상에는 계급이 있지만 교회에는 계급이 없습니다. 세상의 조직은 늘 상하로 짜지만 교회는 언제나 유기적인 네트워크입니다.

12 예수님은 이 땅의 가장 낮은 자리에 오셨고, 가장 멸시받는 자를 섬겨 주셨습니다. 지금도 하늘의 질서 아래서는 나중 된 자가 먼저 되고, 먼저 된 자가 나중 되는 일이 허다합니다.

예수께서 이르시되
나는 부활이요 생명이니
나를 믿는 자는 죽어도 살겠고
무릇 살아서 나를 믿는 자는
영원히 죽지 아니하리니
이것을 네가 믿느냐
(요 11:25-26)

01 사도 요한은 예수님이 베푸셨던 많은 기적 중에서 일곱
    가지를 택했습니다. 그 기적은 가나 결혼식장에서 시작
    되어서 나사로의 장례식장에서 끝납니다.

02 이 기적들은 하나같이 예언적 표적입니다. 예수님이 누
    구신지를 가리키는 사인들입니다. 특히 나사로 사건은
    십자가의 죽음과 부활을 가리킵니다.

03 예수님은 나사로가 병들었다는 전갈을 받고도 서둘러

029

알면서 왜 두렵습니까?

요 11:1-27

가지 않고 기다리십니다. 예수님에게 죽음은 잠시 잠든 것이고 부활은 깨어나는 것입니다.

04 마르다는 예수님께 서운한 마음을 감추지 못합니다. 그 녀는 예수님도 부활도 알지 못합니다. 믿는다 하나 믿음 없는 우리와 다를 바 없습니다.

05 평생 교회를 다닌 한 장로님이 암 진단을 받은 뒤 이렇게 고백했습니다. "제가 저를 돌아보니 믿는 게 아무것도 없

습니다. 저는 여전히 두려울 뿐입니다."

06 평생 설교한 목사님이 고백했습니다. "성도들의 장례식
장에서 그렇게 많이 설교했는데 정작 제가 죽을병을 얻
고 보니 예수님이 안 보입니다."

07 어쩌면 우리의 신앙도 크게 다르지 않습니다. 좋을 때
누가 친절하지 않습니까? 내게 잘해 주는 사람을 내가
용서할 일이 무엇입니까?

08 건강할 때 무슨 걱정입니까? 그러나 긴 병에 효자 없다
는 말처럼 오래 아프면 사람들도 지칩니다. 죽을병에 걸
리면 기쁨은 흔적도 없습니다.

09 예수님은 나사로의 죽음을 슬퍼하는 마르다에게 이
때가 믿음을 가져야 할 때임을 알려 주십니다. 믿음
의 실체는 죽음의 문턱에서 드러납니다.

10 긍정적 사고, 적극적 사고와 신앙은 어떻게 다릅니까?
신앙은 긍정적이고 적극적이지만, 긍정적이고 적극적인
생각이 신앙은 아닙니다.

11 신앙은 부활이요 생명입니다. 신앙은 죽어도 산다는 믿음이고 한 번 죽는 것은 정한 이치이지만 죽은 이후에 반드시 심판이 있다는 것을 믿는 것입니다.

12 신앙은 예수님의 이 선포에서 비롯된 것입니다. "나는 부활이요, 생명이니 나를 믿는 사람은 죽어도 살겠고 영원히 죽지 않을 것이다."(25-26절) 죽어도 살고 살아도 영원히 삽니다. 예수님이 다시 묻습니다. "네가 이것을 믿느냐?" 아느냐가 아니라 믿느냐고 물으십니다.

이에 여호와의 불이 내려서
번제물과 나무와 돌과 흙을 태우고
또 도랑의 물을 핥은지라

(왕상 18:38)

01 바알 예언자들이 종일 광란의 기도를 했지만 아무 일도 일어나지 않았습니다. 그들은 칼과 창으로 자기 몸을 찔러 대다 몸만 상했을 뿐입니다.

02 엘리야는 기도하기 전에 제단을 먼저 고칩니다. 열두 개의 돌을 가져와 제단을 만들고, 구덩이를 파고, 열두 항아리에 물을 넘치도록 붓습니다.

03 엘리야의 기도는 간단합니다. "주께서 이스라엘의 하나

030

왜 기도한 대로
이루어 주지 않으실까요?

왕상 18:30-46

님이 되심과 제가 주의 종인 것, 이 모든 것이 주께서 명
하신 일임을 알게 하소서."(36절)

04 "이 백성들이 마음을 돌이켜 하나님을 알게 하소서."(37절)
엘리야가 이렇게 하는 유일한 목적은 지도자를 잘못 만
나 하나님을 떠난 백성을 돌이키기 위함입니다.

05 능력을 받은 사람들은 쉽게 변질됩니다. 처음에는 하나
님이 다 하셨다는 것을 굳게 믿지만 어느새 내 능력으로

착각하는 것을 보게 됩니다.

06 "물론 하나님이 다 하시지만 나도 기여한 부분이 있지 않습니까?" 그는 어느 날 하나님께 고개를 쳐들고 이렇게 묻습니다. 자문하기도 합니다.

07 그러나 엘리야는 기적 앞에서 흔들리지 않았습니다. 능력을 받고도 변질되지 않았습니다. 하나님이 엘리야를 사랑하신 까닭이고 계속 쓰시는 이유입니다.

08 하나님이 그의 기도에 응답하십니다. 불이 내려와 모든 것을 태웠습니다. 백성들이 얼마나 놀랐을까요? "여호와, 그분이 하나님이시다."(39절)

09 기도와 기도 응답의 목적은 하나님입니다. 기도와 기적의 목적은 내가 아닙니다. 기도를 통해 내 뜻이 이뤄지는 것은 중요하지 않습니다.

10 믿음의 사람들을 쓰시는 하나님의 목적은 예나 지금이나 같습니다. 하나님이 계시다는 것과 하나님이 누구신지를 아는 것이 목적입니다.

11 엘리야가 불을 내리신 하나님께 다시 비를 내려 주실 것을 기도합니다. 다리 사이에 얼굴을 파묻고 간절하게 기도하자 조각구름이 떠오릅니다.

12 하나님의 순서는 불이 먼저고 비가 다음입니다. 순서가 바뀌지 않습니다. 회개가 먼저이고 부흥이 다음입니다. 성결이 먼저이고 축복이 다음입니다. 인간은 순서를 바꿔 달라고 떼를 쓰지만 순서가 바뀌면 재앙입니다.

제자들이 물어 이르되
랍비여 이 사람이 맹인으로 난 것이
누구의 죄로 인함이니이까
자기니이까 그의 부모니이까

(요 9:2)

01 예수님과 제자들이 길을 가다가 날 때부터 눈먼 사람을 만납니다. 당시 유대인들은 모든 질병을 죄의 결과로 여겼습니다. 사회적인 통념입니다.

02 실제 많은 질병들이 죄와 관련이 있습니다. 또 숱한 질병이 잘못된 습관에서 생깁니다. 엄밀한 의미에서 질병은 인류의 원죄와 깊은 관계가 있습니다.

03 제자들은 지금 맹인으로 태어난 한 인간의 불행에 대한

031

왜 해결하지 않고
비판합니까?

요 9:1-12

예수님의 생각이 궁금합니다. 그러나 그들의 질문 자체가 이미 그릇된 편견입니다.

04 우리는 다수의 생각에 쉽게 휩쓸립니다. 많은 사람이 그렇게 생각하고 그렇게 말하면 의심이 가도 선뜻 반대할 엄두가 나지 않습니다.

05 특히 대다수가 비난하면 사실을 확인하기보다 무턱대고 비난에 동조합니다. "그래, 아니 땐 굴뚝에 연기 나겠어?

무슨 잘못이라도 저질렀겠지."

06 예수님은 그 생각을 고쳐 주십니다. "이 사람 죄도, 그 부모의 죄도 아니다. 다만 하나님께서 하시는 일들을 그에게서 드러내시려는 것이다."(3절)

07 세상은 설명에 관심이 많습니다. 지성은 문제를 문제로 인식하고 잘못을 드러내는 데 힘을 쏟습니다. 그래서 비판적이고 날카롭습니다.

08 그러나 예수님은 해결에 관심이 많으십니다. 죄는 과거의 관점이고 하나님의 일은 미래의 관점입니다. 예수님은 설명하러 오시지 않고 해결하러 오셨습니다.

09 그래서 예수님은 일하십니다. 안식일이라고 해결을 미루지 않으십니다. 안식을 잃어버린 인간의 안식을 회복시켜 주느라 안식의 규정을 깨십니다.

10 안식일에 진흙으로 무엇인가를 만들면 안 된다는 규정을 일부러 무시하십니다. 맹인의 눈에 침으로 짓이긴 진흙을 발라 실로암 연못에 보내십니다.

11 못 본다는 것을 아는 사람을 통해 본다고 생각하는 사람들의 무지와 편견을 벗기고자 하십니다. 문제 해결을 통해 인식의 틀을 부수는 것입니다.

12 교회는 세상에 문제를 설명하기 위해서가 아니라 문제를 해결하기 위해 보냄을 받은 공동체입니다. 세상이 잘못된 통념과 고통에서 벗어날 수 있도록 빛을 발하는 소명을 가진 곳입니다. 그런데 어떻게 세상이 교회를 걱정하는 지경에 이르렀습니까?